ATTILA ALBERT

PERFEKTIONISMUS IST EIN ARSCHLOCH

Gut genug ist meist am besten

Inhalt

Der perfekte Start

Manchmal brauchst du dein halbes Leben, ehe es dir endlich klar wird: Es kann doch nicht nur an dir liegen, dass nie etwas perfekt läuft! Da rackerst du dich im Job ab, aber dann rutscht dir doch wieder ein Fehler durch oder ein Projekt geht sogar komplett schief. Da bemühst du dich in deiner Beziehung und Familie, alles richtig zu machen. Aber es findet sich garantiert jemand, der trotzdem etwas zu meckern hat. Selbst der Sommerurlaub hat seine Schattenseiten, wenn du erst einmal die Hotelrechnung gesehen hast und zu Hause auch noch feststellen musst, dass du fünf Kilo zugenommen hast. Geplant war doch das genaue Gegenteil. Was du auch anfängst, führt immer wieder zum selben deprimierenden Ergebnis: Nie läuft es, wie es sollte!

Da warst du vielleicht so stolz auf die PowerPoint, die du in nächtelanger Arbeit zusammengebastelt hast, und musst beim Präsentieren feststellen, dass peinlicherweise wieder Tippfehler drin sind. Der Chef verkündet, dass eure Abteilung jetzt ein »Excellence Center« werden soll, kann aber leider nur IT aus der frühen Steinzeit bereitstellen. Privat hast du dir vorgenommen, gesünder zu essen und mehr Sport zu machen, weißt aber jetzt schon, dass tausend Dinge deine Pläne durchkreuzen werden. Bei deinem angeblich »besten iPhone aller Zeiten« ist, wie immer, das Display zersprungen. Wenn du gerade Single auf Suche bist, muss ich dir sowieso nichts erzählen. Am besten, man redet sich ein, dass Dating irgendwie auch eine karitative Aktivität ist.

Einmal aber kommt der Moment, an dem du die Schuld nicht mehr länger bei dir oder anderen suchst. Sondern beginnst, an der Grundidee zu zweifeln: »Perfektion, hat es das überhaupt je gegeben?« Eltern, Lehrer, Ausbilder und Dozenten haben dich zwar immer zur Vollkommenheit ermahnt oder wenigstens dazu angehalten, sie anzustreben: »Ganz oder gar nicht«, »keine halben Sachen«, »volles Engagement«. Denkst du nun zurück, fällt dir unweigerlich auf, dass keiner von ihnen selbst perfekt war. Kann es sein, dass sie alle nur von einer Wunschvorstellung gesprochen haben, niemals von einer tatsächlich erreichbaren Realität, obwohl du das ganz selbstverständlich angenommen hattest?

Sicher gibt es Perfektion, allerdings nur in kurzen, exotischen Momenten. Dann zeigt sie sich, so wie die »Königin der Nacht« jährlich für einige Stunden ihre Blüte öffnet. Kurz darauf ist sie schon wieder verwelkt und müffelt nach Vergänglichkeit.

Einige wollen sich mit dieser ernüchternden Einsicht noch nicht abfinden und weiter Idealvorstellungen hinterherrennen: »Wenn ich mich nur mehr anstrenge, muss es doch klappen. Andere kriegen es auch hin, wieso nicht ich?« Aufwachen! Selbst eine Victoria Beckham hat Cellulite und einen Mann, der fremdgeht. Natürlich kann man sich das alles noch ein paar Jahre schönreden, weiter eigenen und fremden Ansprüchen hinterherjagen wie das Häschen einer baumelnden Möhre. Scheinbar so nah, dabei ewig unerreichbar. Doch du weißt inzwischen selbst, dass Perfektionismus nur anstrengender Selbstbetrug ist, der dir selbst am meisten schadet. Musst du nicht mehr haben!

Perfektionismus verdirbt dir einfach alles

Wer im Leben so richtig scheitern will, nimmt sich am besten vor, alles perfekt zu machen. Dann wird im Job nichts je fertig, kein Partner ist gut genug, und sogar im schönsten Karibikurlaub stören noch das Salz auf der Haut und der Sand im Bett. Seien wir ehrlich: Perfektionismus ist ein Arschloch. Er ruiniert dir selbst den größten Erfolg, wenn nicht noch das letzte i-Tüpfelchen ein funkelnder Diamant ist, und macht dich unnötig klein. Kurz: ein absolut unsympatischer Spielverderber!

Perfektionismus verunsichert, blockiert und zieht dich runter. Mit überzogen hohen Ansprüchen wirst du nicht besser, sondern ängstlicher, umständlicher und langsamer. Unzufrieden dazu: Mit den misstrauischen Augen des Perfektionisten sieht die Welt wie eine fortwährende Enttäuschung aus, dich selbst und die meisten Mitmenschen eingeschlossen. »Kann nicht einmal alles glattgehen!«, wird dein ständiger frustrierter Ausruf. Dabei ist das Ergebnis oft gar nicht so schlecht und fast immer vollkommen ausreichend – aber eben Welten von jener Perfektion entfernt, die mit dieser Einstellung der Normalfall sein sollte. Gezielt, aber doch wieder daneben geschossen!

Abgekämpft stehst du also da und fragst dich irgendwann: »Wieso schaffe ich es nicht besser?« Dabei darfst du stolz auf dich sein! Du musst nicht ständig 150 Prozent leisten, um 100 Prozent in Ordnung zu sein. Falls dein Chef das sagt: Das ist ein Trick, damit du für die Firma ständig über deine Grenzen gehst.

»Mir ist klar, dass ich nach meinen Standards nie abarbeiten kann, was mir mein Teamleiter jeden Tag auf den Schreibtisch legt«, sagte mir eine Klientin. »Ich versuche es trotzdem, obwohl es mich fertigmacht. Wie schraube ich meine eigenen Maßstäbe herunter, ohne den Respekt vor mir selbst zu verlieren?«

Tiefere Ursachen

Wahrscheinlich hast du dich schon ähnlich gefragt, warum du immer wieder gegen eine Wand aus eigenen Erwartungen anrennst, sei es im beruflichen oder privaten Leben, obwohl du es längst besser weißt. Typische Antworten klingen so:

- »Ich habe eben hohe Ansprüche an mich selbst.«
- »Ich tue nur, was ich von anderen auch erwarte.«
- »Es ist eine Sache des Respekts vor sich und anderen.«

Doch Perfektionismus hat tiefere Ursachen: übergroße Angst vor Kritik, der Wunsch, um jeden Preis bewundert zu werden, die

Ablenkung von derzeit nicht lösbaren Problemen oder das gut gemeinte Bestreben, sie zumindest vor anderen zu verbergen.

Wir werden diese Gründe gemeinsam besprechen und wie du dich davon befreien kannst – aber auch, was der Unterschied zu einem positiven Streben nach Qualität und Leistung ist. Denn keiner wünscht sich ja, dass alles einfach nur abschlafft, so angenehm es manchmal wäre, eine nachlässige kleine Schlampe zu sein, die alles entspannt gegen die Wand fahren lässt, sich dann in den Feierabend beziehungsweise auf die Fernsehcouch verabschiedet und mit nichts mehr weiter zu tun hat.

Gesunder Pragmatismus bringt dich weiter

Dieses Buch will dich zu einem entspannten Pragmatismus ermutigen und dir die Wege dahin zeigen: erreichen, was dir wirklich wichtig ist, aber dich nicht länger aufreiben für etwas, das langfristig gar keine Rolle spielt und oft noch nicht einmal wahrgenommen werden wird. Perfektionismus ist wunderbar in einigen wichtigen Momenten, als Dauerzustand aber unmöglich und unnötig. Du fährst dein Auto schließlich auch nicht durchweg im höchsten Gang, weil sonst einiges zu Bruch ginge.

»Soll ich mich denn jetzt hängen lassen und es gar nicht mehr versuchen?«, fragst du dich vielleicht beunruhigt. »Nur noch hinnehmen, was sich von selbst ergibt?« Keine Sorge! Hier findest du kein Plädoyer für Mittelmäßigkeit und Fatalismus, sondern Unterstützung dabei, deine Aufgaben sinnvoll zu gewichten: Wo lohnt es sich, um das bestmögliche Ergebnis zu kämpfen, und wo darfst du es bei einer soliden Durchschnittsleistung belassen, ohne deswegen ein schlechtes Gewissen haben zu müssen?

Von überzogenen Erwartungen abgrenzen

In meinem ersten Buch, *Ich mach da nicht mehr mit*, ging es darum, wie du maßlosen Forderungen anderer – von Eltern,

Kollegen, Partnern, Kindern – Grenzen setzen kannst. Hier geht es darum, wie du dich vor überzogenen Erwartungen an dich selbst schützt. Erfahrungen aus zehn Jahren Coaching-Praxis sind eingeflossen, viele Begegnungen aus meiner langjährigen Tätigkeit als Journalist, aber auch persönliche Einsichten.

Ich darf an dieser Stelle verraten, dass ich früher auch einmal ein Perfektionist war, aber mittlerweile geheilt bin. Als junger Mann brach ich mein berufsbegleitendes BWL-Studium nach vier (von sechs) Semestern ab, weil ich meine Noten zu mittelmäßig fand. Erst Jahre später holte ich den Abschluss nach. Als ich mit dem Joggen anfangen wollte, meldete ich mich direkt für einen Marathon an. Ich kam nach den 42,195 Kilometern ins Ziel, zog mir dabei aber eine langwierige Fußverletzung zu. Viele berufliche Chancen verpasste ich, weil ich lange nur für perfekte Leistungen anerkannt werden wollte. Alles andere – Kontakte, Beziehungen – kam mir wie faule Kompromisse vor.

Gemeinsam erkunden wir, wie auch du dich aus der Perfektionismus-Falle befreien kannst und entspannt erfolgreich wirst. Ganz praktisch und mit viel Humor. Der verbissene Perfektionismus hat uns lange genug den Spaß verdorben. Jetzt ist der perfekte Start für ein bisschen mehr Pragmatismus. Denn gut genug ist im wahren Leben doch meist am besten!

Attila Albert

Warum Perfektionismus ein Arschloch ist

Du bekommst nichts erledigt, ärgerst dich noch über den kleinsten Fehler und stresst dich völlig unnötig. Perfektion ist eine verführerische Lüge, die dich ständig enttäuscht und dir selbst am meisten schadet.

Wie wunderbar wäre das Leben doch für alle Perfektionisten, wenn es – neben der gerade aktuellen Aufgabe – nichts anderes zu tun gäbe. Stundenlang könnte man sich jeder E-Mail widmen, jeden Satz behutsam komponieren und vor dem Absenden immer noch einmal überarbeiten, bis sich garantiert kein missverständliches Wort oder Tippfehler mehr darin findet.

Die hungrigen Kinder müssten sich eben gedulden, bis deine legendären Bärlauch-Ravioli mit Cashew-Trüffel-Füllung auf Zitronenschaum – alle Zutaten vom Biomarkt – fertig sind. Und wenn du deine Präsentation für die Firma noch nicht ganz gelungen findest, weil du wegen der Schriftart unsicher bist, wird das Meeting halt noch einmal um eine Woche verschoben.

Wer in seinem Leben nicht besonders viel zu tun hat, kann leicht perfekt sein.

Theoretisch ist Perfektionismus absolut empfehlenswert. Wer würde sich ernsthaft dagegen aussprechen, grundsätzlich das Beste anzustreben? Jeden Plan zu 150 Prozent zu erfüllen, die Wertung von 10,0 zu erreichen, die Goldmedaille mit nach Hause zu nehmen und dann lässig abzuwinken: »Ist doch selbstverständlich! Das ist einfach mein Anspruch an mich selbst.« Doch wie du längst weißt, funktioniert das wahre Leben überhaupt nicht so. Die E-Mail muss sofort raus, die Kinder sind auch glücklich über einen Teller Spaghetti mit Tomatensoße aus der Dose, und das Meeting findet sogar statt, wenn du im Nachthemd ankommen würdest. Wie du feststellen musst, interessiert dein Perfektionsdrang die meisten überhaupt nicht!

Du strampelst dich zu oft für etwas ab, das wirklich keiner erreichen kann.

Doch Perfektionismus gibt sich nie zufrieden. »Hättest du das denn nicht besser hingekriegt«, flüstert dir dieser falsche Freund heuchlerisch ein, und du wirst sofort unsicher. »Die anderen schaffen es doch auch! Bei dir ist wieder einmal alles nur mittelmäßig und zu spät dazu!« Bald nickst du in Gedanken: »Stimmt leider, aber das nächste Mal klappt's bestimmt. Ich muss mich nur mehr anstrengen, besser planen und darf nicht aufgeben.« Schon hat er dich wieder, dieses Arschloch! Du wirst dich weiterhin abstrampeln für etwas, das keiner braucht und kaum jemand registrieren wird – falls du es jemals erreichst.

Etwas anderes als Ehrgeiz

Ehrgeiz und Perfektionismus ähneln einander, sind aber nicht dasselbe. Wer ehrgeizig ist, nimmt sich in entscheidenden Situationen vor, sein Bestes zu geben. Es gelingt nicht immer, macht aber besser und motiviert. Wer perfektionistisch ist, hält das Beste für etwas, das selbstverständlich immer erreicht werden muss. Das ist unmöglich, unnötig, frustriert und demotiviert dich.

Perfektion ist eine Fata Morgana aus falschen Hoffnungen: ein verlockendes Traumbild direkt vor deinen Augen, das aber mit jedem Schritt zurückweicht. Irgendwann merkst du, dass es ewig unerreichbar bleiben wird, alles auf Sand gebaut war und du dich völlig verirrt hast. Du entkommst dieser verführerischen Lüge, wenn du erkennst, dass sie dich ständig enttäuscht und dir selbst am meisten schadet. Merke sie dir gut, die Arschloch-Faktoren des Perfektionismus, damit du dich frohen Herzens von ihm verabschieden kannst. Genug gequält, verpiss dich!

Du bekommst nichts erledigt

»Mir ist klar, dass ich mich mit meinem Perfektionismus vor allem selbst blockiere«, sagte mir eine Klientin, die wegen verspäteter Abgaben regelmäßig Probleme mit ihrem Chef hatte. Sie stand seit 15 Jahren im Berufsleben, war aber noch immer in ständiger Sorge, dass ein unentdeckter Fehler weitreichende Folgen haben könnte. »Also prüfe und ändere ich immer wieder, obwohl der Termin längst überschritten ist.«

Michelangelo hat eine halbfertige Apollo-Statue hinterlassen. Schubert bekam seine Sinfonie in h-Moll, D 759 (»Die Unvollendete«) nicht fertig. Bei Kafka blieben alle Romane unvollendet, und er hat sowieso nur drei geschrieben. Trotzdem gelten diese Werke als Höchstleistungen der Menschheit, auf ewig bewundert und verehrt. Und du machst dich fertig, weil deine PowerPoint-Präsentation eventuell nicht ganz perfekt ist?

Wer perfekt arbeiten möchte, macht am Ende mehr Fehler als andere.

Perfektionismus sorgt dafür, dass du nichts mehr erledigt bekommst. Aus lauter Sorge, etwas nicht gründlich oder gut genug abzuliefern, wirst du immer umständlicher und langsamer. Am Ende machst du mehr Fehler und fällst gleich auf seine nächste Täuschung rein: »Ich muss mich mehr anstrengen und gründlicher werden!« Ganz im Gegenteil: Entspannt und selbstsicherer wirst du produktiver.

Regelmäßig wirst du enttäuscht

Hochzeiten – eigene und fremde – sind die Lebensereignisse, bei denen man den Amoklauf des Perfektionismus am besten beobachten kann. Überteuerte Ringe von Tiffany, obwohl das gleiche Modell überall sonst die Hälfte kostet, ein Kleid für einen Tag, aber zum Preis einer Jahresgarderobe, jeden Schritt durchgeplant und teuer bezahlt. Aber dann ist es bewölkt, wenn der Fotograf kommt, der Blumenlieferant fordert plötzlich Barzahlung, und ein betrunkener Onkel übergibt sich am Buffet.

Lass dich nicht auf einen Wettbewerb ein, der niemals zu gewinnen ist.

Perfektionismus verspricht das ideale Ergebnis und enttäuscht deshalb immer. Selbst, wenn es erst gut geht, holt bald jemand seine Fotos raus: »Ach, ihr habt nicht den örtlichen Dom gemietet und eure Gäste anschließend nach Ibiza eingeladen?«

Wer perfektionistisch veranlagt ist, lässt sich auf einen Wettbewerb ein, der nie zu gewinnen ist. Der kleinste Fehler oder Mangel verdirbt dir alles. Jeder, der scheinbar besser ist, und sei es nur in einem unwesentlichen Detail, zieht dich wieder runter. Anstatt dich über das zu freuen, was du hast und was gelungen ist, bist du enttäuscht über das, was wieder nicht perfekt war. Warum ist die Welt so unvollkommen trotz deiner Mühe!

Du verlierst das Ziel aus den Augen

Es gibt Leute, die müssen unbedingt einen promovierten Hirnforscher zu den Fragen hören, wann sie ihr Kind am besten ins Bett schicken sollten und ob acht Stunden am Handy wirklich zu viel sind. Für ihre abendliche 15-Minuten-Joggingrunde brauchen sie Tipps vom Trainer der olympischen Mannschaft. Für das beste Zitronenkuchenrezept sollten sich am besten interdisziplinär ein Sternekoch, ein Philosoph und ein Molekularbiologe zusammentun, damit nichts schiefgeht.

Perfektionismus verleitet dich dazu, dich mit immer abseitigeren Nebenaspekten und Detailfragen zu beschäftigen. Dabei verlierst du das eigentliche Ziel bald ganz aus den Augen: Ein Problem möglichst einfach, in angemessener Zeit und zu vertretbaren Kosten zu lösen. Im beruflichen und privaten Alltag braucht es selten perfekte Antworten, sondern fast immer pragmatische Lösungen. Dazu dann noch ein bisschen Flexibilität, um bei Bedarf unkompliziert reagieren zu können. So einfach könnte das Leben sein.

Im Alltag schlagen pragmatische Ergebnisse fast immer die perfekte Möglichkeit.

Willst du alles vorab durchdenken und lösen, verhedderst du dich in immer neuen Problemen. Sind die Zutaten für deinen Zitronenkuchen überhaupt organisch produziert und fair gehandelt, und was machst du, falls sich bei einem Gast eine Gluten-Unverträglichkeit herausstellt, von der du nichts weißt? Am besten eine WhatsApp-Gruppe aufsetzen, jeden einzeln befragen und separat bewirten. Oder doch gleich in ein Café gehen – aber welches nur, damit keiner enttäuscht ist …?!

Dein Stress ist völlig unnötig

Solltest du beruflich Flugzeuge lenken, Kernkraftwerke bauen oder Herzen operieren, ist Perfektionismus selbstverständlich ein Anliegen, das wir alle an dich haben. Hier sind die Risiken hoch und die Fehlertoleranzen minimal. Da ist tatsächlich jede Schluderei gefährlich. Falls es aber nur darum geht, das Alltagsgeschäft im Büro zu erledigen, den Urlaub oder dein nächstes Date zu planen – entspann dich! Perfektionismus will dir zwar einreden, dass auch hier »jedes Detail zählt«. Aber damit belügt er dich. Du darfst dir ein klein wenig Lässigkeit erlauben.

Eine solide, vernünftige Leistung ist fast immer am besten und auch ausreichend. Nur so stehen Einsatz und Ergebnis in einem angemessenen Verhältnis, verausgabst du dich nicht für etwas, das morgen schon vergessen ist. Die meisten Alltagsaufgaben sind, wenn wir ehrlich sind, weder weltbewegend noch unvergleichlich wichtig. Nicht das perfekte Ergebnis zählt, sondern die rechtzeitige Lieferung in akzeptabler Qualität.

Am Ende zählt, wie relevant die Qualität für die geplante Verwendung ist.

Es ist der gleiche Grund, aus dem Behördenbriefe nicht auf Büttenpapier gedruckt werden, in deiner Firmenkantine kein Sternekoch den Kaffee zubereitet und im Radio nicht die Berliner Philharmoniker die Erkennungsmelodie live spielen. Theoretisch wäre all das möglich, ganz sicher schön und »von perfekter Qualität«. Nur würde das für den geplanten Einsatz praktisch keine Rolle spielen, alles nur umständlicher und teurer machen. Kann man sich also sparen.

Du verschwendest deine Ressourcen

»Ich weiß nicht, wie oft ich meinem Mann schon abgesagt habe, weil ich abends in der Firma festsaß«, gestand mir eine Freundin, die im Management arbeitet. »Er saß oft schon in der Bar, in der wir etwas zusammen trinken wollten, und ich habe ihn immer wieder per SMS vertröstet. Aber wenn im Job etwas zu erledigen ist, schaffe ich es nicht, es beiseite zu legen!«

Perfektionismus ist ein Anspruch, der dich viel kostet. Du verschwendest deine Ressourcen – Zeit, Kraft und Geld –, und sie fehlen dir woanders. Du bist zu müde, um dich um deinen Partner, um Freunde oder dich selbst zu kümmern, genug zu schlafen oder Sport zu machen. Du überarbeitest im Job etwas so lange, damit es endlich perfekt ist, bis anschließend kein Budget oder keine Arbeitskraft mehr für andere Aufgaben da ist.

Meine Großmutter hatte einen Kühlschrank, der 20 Jahre lang mustergültig lief. Nur sein Design war ein wenig aus der Mode gekommen und die Außenseite vergilbt. Sie ersetzte ihn durch einen neueren. Er war modern und strahlend weiß, aber – wie es leider so oft bei neuer Technik vorkommt – direkt nach Ablauf der Garantiezeit defekt. Sie musste notgedrungen den nächsten kaufen. So ähnlich ist es beim Perfektionismus: Du investierst in eine Verbesserung und verschlechterst dich.

Jede Spontanität erstickt dabei

»Theoretisch ist es möglich, alles perfekt nach Plan abzuliefern«, sagte mir eine Klientin, die in der Unternehmensberatung tätig war. »Zumindest so, dass es auf andere so wirkt. Ich selbst weiß, dass es einfach Routine ist. Ich kann mein Programm professionell abspulen, aber besonders kreativ wird es so nicht.« Wer krampfhaft auf Perfektion schielt, bringt sich und andere um die Chance, ein unerwartet positives Ergebnis zu erreichen. Es wird nur zuverlässig öde.

Die größten Entdeckungen begannen als Irrtümer, Fehler und Umwege.

Christoph Kolumbus wollte eigentlich nach Indien. Nach Navigationsfehlern, wie sie einem Profi nicht hätten passieren dürfen, landete er am anderen Ende der Welt – und entdeckte Amerika. Wilhelm Conrad Röntgen griff beim Experimentieren unsachgemäß in seine neu entdeckten Strahlen und stellte dabei fest, dass sie seine Hand durchleuchteten. Sein Fehlgriff war der Beginn einer Revolution in der medizinischen Diagnostik.

Wenn etwas nicht perfekt läuft, ist das nicht das Ende der Welt und führt manchmal sogar zur Entdeckung einer neuen. Perfektionismus lässt viele Ideen direkt wieder sterben, und was bis zur Planung durchkommt, wird dann erledigt. Denn alle haben sie ihre Mängel und Nachteile. Im Perfektionismus steckt die Angst vor den Risiken der Entscheidung, die sich dann in unnötigen und überzogenen Absicherungen verliert.

Niemals bist du ganz zufrieden

Wie jede Sucht – Alkohol, Glücksspiel, »Shopping Queen« schauen – ist Perfektionismus nie zufriedenzustellen. Du denkst, du hast sie überwunden, da lockt sie schon wieder: »Einmal noch, dann hast du deine Ruhe.« Doch als Perfektionist kennst du das Spiel inzwischen: Wo andere ein Problem lösen und sich danach entspannt vor den Fernseher setzen können, als ginge sie alles weiter nichts mehr an, entdeckst du sofort fünf neue: »Wahnsinn! Da muss ich ran. So kann ich das keinesfalls länger laufen lassen! Wieso hat sich keiner jemals richtig darum gekümmert?«

Einmal mit einem Problem angefangen, findet der Perfektionist nie mehr ein Ende.

Du wolltest nur deinen Kleiderschrank auswischen, denkst aber nach einem Blick: »Ich muss endlich auch mal meine Klamotten ausmisten!« Kaum ist alles schön übersichtlich auf dem Bett ausgebreitet, fällt dir auf, wo überall ein Knopf locker sitzt oder ein Fleck unentdeckt geblieben ist. Sind die Tüten für Schneider und Reinigung endlich gepackt, zerlegst du den Stapel fürs Rote Kreuz gleich wieder. Manches würde doch bestimmt deiner Nachbarin oder Cousine Silke passen! »Und, Moment mal, wieso wackelt das Scharnier und seit wann ist da ein Kratzer in der Wand? Ich glaube, hier muss jetzt mal richtig Grund und Ordnung rein!«

Perfektionismus macht dich permanent unzufrieden, weil selbst der schönste Erfolg bestenfalls eine Zwischenstation ist. Ja, es gibt Momente des Stolzes, der Dankbarkeit und Zufriedenheit. Direkt danach muss die Mühe aber weitergehen. Du kannst dich doch nicht auf deinen Lorbeeren ausruhen, wenn du von einer Welt des Chaos umgeben bist. Da muss endlich einmal jemand aufräumen, und das bist du! Anstatt dich vor allem darüber zu freuen, was du alles geschafft hast, ärgerst du dich über das, was du hättest besser oder schneller erledigen können. Noch frustrierender ist der Gedanke, dass du genau weißt, was zu tun wäre, aber gleichzeitig auch, dass es bei dir nie ein Ende finden wird.

Perfektionismus verspricht, was das Leben nie einlöst

Wie du gesehen hast, ist Perfektionismus ein gutaussehender, vielversprechender Partner, der aber leider chronisch lügt, nicht praxistauglich und sehr anstrengend ist. Ein verführerischer Hochstapler, der verspricht, was das Leben dann nie einlöst. Einige Jahre kann man gutgläubig damit verbringen, trotzdem auf ein gutes Ende zu hoffen, der Sache immer »noch einmal eine Chance zu geben«. Sich die verkorkste Beziehung schönreden, weil es ja doch auch schöne Tage gab, an denen zwischen euch eine ganz wunderbare Harmonie geherrscht hat. Als würdet ihr für immer zusammengehören, als wärt ihr wirklich eins. Aber das ist seine Masche: dich glauben zu lassen, dass du ohne ihn gar nicht mehr könntest. Keine Sorge, du wird bestens klarkommen!

Man kann sich jahrelang täuschen lassen, aber einmal siehst du plötzlich klar.

»Ich habe einen ganz einfachen Geschmack«, kannst du kokett Oscar Wilde zitieren. »Ich bin immer mit dem Besten zufrieden.« Nur wie lange, wenn das Beste nie eintritt oder sich nach kurzer Zeit schon wieder als arglistige Täuschung herausstellt? Die Rechnung dafür zahlst du – wie bei allen Betrügern, wenn du sie nicht schnellstens erkennst und aussortierst, um die Verluste zu begrenzen.

Irgendwann aber hast du jede Lüge, jedes Versprechen des Perfektionismus gehört, und es ist Zeit, Schluss zu machen. Genug geärgert, gelitten und gehofft. Dieser Typ wird sich niemals ändern und dir mit der Wahrheit kommen. Das hat er nun oft genug bewiesen! Dafür ist dein Leben jedoch zu schade, du hast Besseres verdient und schon genug Lebenszeit an ihn verschwendet. Entliebt, goodbye, wir gehen jetzt getrennte Wege!

Dein neuer Begleiter heißt Pragmatismus. Er ist solide, verspricht weniger, hält dafür mehr und sieht, wenn du den Entzug vom stressigen Perfektionismus erst einmal hinter dir hast, auch gar nicht so schlecht aus. Alltagstauglich und vorzeigbar ist er auf jeden Fall, sorgt für weniger Stress und unnötige Aufregung.

In den nächsten Kapiteln findest du ausführliche Beispiele für Perfektionismus in ganz alltäglichen Bereichen sowie praktische Empfehlungen dafür, wie du ihn durch Pragmatismus ersetzen kannst. Naheliegend werden für dich die beruflichen Themen sein. Aber auch im Privaten – etwa in Liebesbeziehungen, beim Umgang mit Freunden, bei der Freizeitgestaltung oder im Sport – nistet sich Perfektionismus gern ein und macht dir das Leben schwer. Du erfährst, wie du ihn identifizierst, vor allem, wie du ihn loswirst und endlich entspannt erfolgreich unterwegs bist.

Kümmere dich um Grundsatzfragen, aber geplant neben den regulären Aufgaben

Sich vom Perfektionismus zu trennen, heißt nicht, dass du dich nicht mehr um Grundsatzfragen kümmern solltest. Es rächt sich langfristig, sich immer nur durchzuwursteln, zu improvisieren, »auf Sicht zu fahren«. Du solltest daher regelmäßig auch grundsätzliche Probleme angehen, aber nicht ständig und nicht alle gleichzeitig. Ein realistisches Maß: Reserviere dir pro Woche ein bis zwei Stunden für solche Aufgaben, etwa für deine Zukunftsplanung oder die Neuorganisation deiner Arbeitswoche.

Ich krieg nichts fertig, das aber perfekt

Henrieke ist ständig im Verzug mit ihrer Arbeit, weil sie alles besonders gründlich angehen und professionell erledigt sehen will. Deine Lektion: Du kannst nicht sämtliche Versäumnisse der Vergangenheit aufholen.

Wenn Henrieke morgens ihr Büro betrat, kam es ihr jedes Mal so vor, als würde sie auf eine Zeitreise gehen. Die hellgrauen Möbel, die bei ihrem neuen Arbeitgeber standen, hatte sie zuletzt in den 90ern gesehen. Im Radio musste »What is love« von Haddaway in den Charts gelaufen sein, als dieser Teppichboden seine ersten Kaffeeflecken abbekam und eine gute Seele diese unverwüstlichen Topfpflanzen – Philodendron, Dieffenbachie und Monstera – auf die Regale rückte. »Hey Chef, was machen Sie eigentlich beruflich«, witzelte es auf einem verblichenen Ausdruck an der Wand. Er hing neben Urlaubskarten von Mitarbeitern, die schon lange nicht mehr im Unternehmen waren, und Hinweisen auf längst vergangene Termine.

Manche Arbeitgeber haben aufgegeben, verraten es nur noch niemandem.

»Unverkennbar, hier ist die Zeit stehen geblieben«, dachte Henrieke jeden Morgen, wenn sie ihren Laptop anschaltete und wieder einmal zähe fünf Minuten warten musste, ehe er endlich einsatzbereit war. Sie hatte einige Monate zuvor als Personalreferentin in diesem Industriebetrieb angefangen und das Gerät von ihrer Vorgängerin übernommen. Die Software war fast zehn Jahre alt und trieb Henrieke, wie vieles andere hier, in den Wahnsinn. Inzwischen hatte sie fast den Eindruck, dass die Firma absichtlich alles unternahm, damit sie möglichst langsam und ineffektiv arbeitete. Nur, um ihr anschließend genau das vorzuwerfen. Präziser: ihren angeblichen »Perfektionismus«.

Für Überlastung kann es viele Gründe geben

Henrieke hatte sich aus Sorge um ihren Arbeitsplatz für ein Coaching angemeldet. Sie hatte in der kurzen Zeit bereits mehrere unangenehme Gespräche mit ihrer Chefin gehabt, die ihr vorhielt, dass sie nichts erledigt bekäme und sich ständig verzetteln würde. »Wir haben da ganz unterschiedliche Wahrnehmungen«, sagte Henrieke in unserem ersten Gespräch. Sie wirkte blass, müde und spielte beim Sprechen nervös mit ihren Haaren. »Ich bin sicher, dass ich schnell und gut organisiert arbeite«, meinte sie. »Aber es ist nicht zu schaffen, und ich werde überhaupt nicht unterstützt. Ich habe schon ständig Magenschmerzen wegen dem Stress und wache oft mitten in der Nacht auf, weil mich die Arbeit bis in den Schlaf verfolgt.«

Manchmal hilft es wirklich nur noch, sich schnellstens einen neuen Job zu suchen.

Überlastung ist ein häufiger Anlass, um mit einem Coaching zu beginnen: Der berufliche oder private Alltag ist, trotz größter Anstrengungen, nicht mehr zu schaffen. Ich versuche in diesen Fällen zuerst, die Ursache genauer einzugrenzen. Ist der Klient überfordert, weil ihm Fachwissen, Erfahrung oder eine effektive Selbstorganisation fehlen? Kann er nicht mit Erfolgs- und Termindruck umgehen? Manchmal zeigt sich bereits an diesem Punkt auch: Es liegt überhaupt nicht an ihm, sondern das Team ist beispielsweise objektiv zu klein oder falsch organisiert, und die Firmenleitung weigert sich, das überhaupt anzuerkennen. Dann geht es schnell nur noch darum, neue Arbeitsbedingungen auszuhandeln oder gleich ganz den Arbeitgeber zu wechseln.

Beim Vorstellungsgespräch getäuscht

»Als ich mich damals bewarb, wirkte das Unternehmen auf mich ausgesprochen professionell und solide«, erinnerte sich Henrieke und lächelte ein wenig bitter. »Meine Vorgängerin saß sogar noch mit in meinem ersten Vorstellungsgespräch und beschrieb mir die Aufgaben. Sie hatte von sich aus gekündigt und sagte dazu nur, dass es für sie Zeit für etwas Neues wäre.«

Beim Vorstellungsgespräch wird das Wichtigste oft verschwiegen.

Nachdem Henrieke die Stelle bekommen hatte, stellte sie fest, dass die Situation ein wenig anders war, als es anfangs schien. Ihre Vorgängerin hatte, so erfuhr sie von ihren neuen Kollegen, aus Frust gekündigt, »weil sie nichts bewegen konnte«. Henrieke bemerkte nach einigen Tagen viele leere Schreibtische, anscheinend waren noch mehr gegangen. Die Büros waren seit bald 15 Jahren nicht mehr renoviert worden, die Technik veraltet. Nur das Geschoss mit den Meetingräumen, in das auch Henrieke damals eingeladen worden war, hatte eine Modernisierung erhalten.

Erste Zweifel beschlichen sie. War es ein Fehler gewesen, hier zuzusagen – sollte sie noch in der Probezeit wieder auf Stellensuche gehen? Die Einarbeitungsphase versöhnte sie zunächst wieder. Sie war gut geplant mit vielen Gesprächen in den Abteilungen und verlief überraschend entspannt. Es schien nicht allzu hektisch zuzugehen. Viele Kollegen waren seit Jahrzehnten dabei und erzählten mit Stolz von früheren Zeiten und Erfolgen. Henrieke über ihren damaligen Eindruck: »Das fand ich charmant und dachte, das ist eben ein Traditionsbetrieb. Es muss ja nicht überall wie in einem Startup zugehen.« Außerdem sollte sie – so hatte es ihre neue Chefin bei der Einstellung ausdrücklich erklärt – daran mitarbeiten, dass das Unternehmen moderner würde.

»Als ich meine erste freie Stelle ausschreiben wollte, stellte ich fest, dass auch die Vorlagen für die Stellenanzeigen völlig überholt waren«, erzählte Henrieke. »Ich musste alle nötigen

Texte und ein kurzes Firmenportrait schreiben und von der Geschäftsführung genehmigen lassen, was mich allein mehrere Tage kostete.« Ebenso bei anderen Aufgaben: »Als die ersten Mitarbeitergespräche anstanden, sah ich, dass die Bewertungsbögen zehn Jahre alt waren. Beim ersten Intranet-Eintrag stellte ich fest, dass es technisch und inhaltlich völlig vernachlässigt war. Es gab nicht einmal einen IT-Beauftragten, das sollten wir selbst klären, obwohl wir dafür weder die Zeit noch die Ausbildung hatten.«

Henrieke war in ein Unternehmen geraten, in dem seit Jahren nur noch das Nötigste getan und kaum noch investiert wurde, damit die Bilanzzahlen gut aussahen. »Mein Anspruch ist, professionelle Arbeit abzuliefern«, meinte sie. »Aber bei jeder Aufgabe musste ich bei null anfangen.« Ihre Kollegen schien das weniger zu stören. Viele kannten es gar nicht anders.

Henriekes Chefin reagierte auf die Klagen ihrer neuen Mitarbeiterin zunehmend genervt: »Sie hielt das für unnötige Umständlichkeiten. Mir stünde mein Perfektionismus im Weg. Ich sollte mich auf meine aktuellen Aufgaben konzentrieren und mich um nichts anderes mehr kümmern. Bei den Details hat sie gar nicht mehr zugehört.« In späteren Gesprächen, in denen Henrieke vehementer auf mehr Unterstützung von oben drängte, wurde der Ton schärfer: »Meine Chefin warf mir vor, dass ich mich ständig mit Dingen befassen würde, für die ich nicht zuständig sei. Bei meiner Vorgängerin hätte das alles ohne diese Probleme geklappt. Verschiedene Abteilungen hätten sich bereits über mich beschwert, ich würde zu wenig liefern!«

Der eigene professionelle Anspruch wird nicht immer von allen geteilt.

Als sich eine ähnliche Formulierung dann auch in ihrer ersten Zwischenbeurteilung fand, war Henrieke nahe daran, ihre Stelle zu kündigen, obwohl sie nichts Neues in Aussicht hatte. »Aber in der jetzigen Lage überlegt man sich das dreimal. Es ist doch ein solider Arbeitgeber, das Gehalt ist in Ordnung. Vielleicht sind meine eigenen Ansprüche wirklich zu hoch?«

Mancher liebt es, in feindseliger Umgebung zu arbeiten

Es gibt Menschen, die blühen in einer unangenehmen Arbeitsumgebung geradezu auf. Für sie sind grausame Chefs ein belebender Ansporn und absurde Termin- und Zielvorgaben eine wunderbare Herausforderung. Harmonie würden sie als verachtenswerte Schwäche empfinden, die alle abschlaffen lässt. »Das ist doch hier kein Kaffeeklatsch!« Sie sind wie diese bizarren Tiefseekreaturen, die nur unter höchstem Druck und in völliger Dunkelheit existieren können und sofort umkommen würden, wenn man sie nach oben ans Licht holte. Wo andere keinen Augenblick überleben würden, befindet sich ihre Komfortzone!

Wer wirklich etwas verändern will, merkt oft, dass das gar nicht gewünscht ist.

Andere verstehen ihren Job als Langzeit-Vorhaben, bei dem es keinesfalls zu hektisch zugehen darf. Was sie in den 50 Jahren zwischen Ausbildung und Pensionierung – am besten beim selben Arbeitgeber – nicht schaffen, hinterlässt ihren Nachfolgern doch eine interessante neue Aufgabe! Wo kämen wir denn hin, wenn jeder auf einmal tatsächlich etwas verbessern, die Probleme endlich wirklich lösen wollte? Am Ende wissen all die neu eingestellten »Change-Manager« in der Konzernzentrale gar nicht mehr, welche Pläne sie auf ihre PowerPoint-Folien schreiben sollen.

Alles im Alleingang verbessern

Wie wir im Verlauf unseres Coachings herausfanden, hatte Henrieke einen sehr moderaten Ansatz: Sie war bereit, sich schwierigen Aufgaben zu widmen. Aber sie hatte nicht vor, dafür Jahre ihres Lebens zu verlieren und sich völlig aufzureiben. Gleichzeitig ging sie wirklich mit einem gewissen Perfektionismus heran. Er verleitete sie dazu, im Alleingang einen Standard durchsetzen zu wollen, der in diesem Unternehmen unrealistisch und auch unerwünscht war – jedenfalls zu diesem Zeitpunkt. Damit schaffte sie sich Feinde unter ihren Vorgesetzten und Kollegen, erschöpfte aber vor allem sich selbst. Wenn sie so weitermachte, würde sie immer weiter ins Abseits geraten und bald ihre Stelle gefährden. Ihre Chefin würde sich von ihr trennen oder Henrieke würde selbst in eine unüberlegte Kündigung flüchten.

Beste Absichten gehabt

Dabei hatte Henrieke die besten Absichten. Dir ist es im Job vielleicht schon ähnlich ergangen. Sie bemühte sich überhaupt nicht um persönliche Vorteile oder einen möglichst bequemen Arbeitsalltag. Ganz im Gegenteil: Sie tat, was sich Arbeitgeber zumindest offiziell immer von ihren Mitarbeitern wünschen. Sie »übernahm Verantwortung«. Das heißt: Sie war bereit, sich die Probleme des Unternehmens zu eigen zu machen und tatsächlich zu lösen. Dabei dachte sie über ihre Stelle und Abteilung hinaus, suchte »nachhaltige Ergebnisse«, also nicht nur schnelle Erfolge zulasten der Zukunft. Allerdings machte sie dabei eine ernüchternde Erfahrung, die sie mit vielen Angestellten teilt: »Eigentlich war das nicht gewünscht, auch wenn das von oben immer anders klang.«

Die besten Absichten ändern langfristig nichts an den Realitäten.

Den Widerstand, den sie bei ihrer Chefin und den Kollegen nach kurzer Zeit bemerkte, sah sie jedoch als zusätzliche Herausforderung an. Sie fühlte sich angespornt und verpflichtet, dann eben alles selbst aufzuarbeiten. Sie wollte den anderen zeigen, wie professionelle Arbeit aussieht, sie damit überzeugen und mitreißen. Ein wenig Selbstbehauptung steckte auch darin: Henrieke hatte nicht vor, ihren eigenen Qualitätsstandard aufzugeben. Es wäre ihr wie eine Kapitulation vorgekommen. Ein Verrat an ihren eigenen Ansprüchen, eine Entwertung ihrer bisherigen Erfahrungen. In einem unserer Gespräche formulierte sie ihre Sorge so: »Wenn ich mich auf dieses Niveau einlasse, bin ich doch bald selbst eine von denen!«

Wirklich verändern will sich doch eigentlich niemand

Veränderung braucht Zeit, mehr aber noch Geduld. Der Spruch, dass »Rom auch nicht an einem Tag erbaut« wurde, wird vor allem von Leuten benutzt, die nicht einmal eine Gartenlaube innerhalb eines Jahres fertigbekommen. Hätten sie den Auftrag erhalten, Rom zu erbauen, würden sie derzeit eventuell ihre Pläne »finalisieren«. Was in Manager-Sprache heißt: noch ein weiteres Mal über dasselbe reden, weil sich wieder keiner traut, später für die Entscheidung geradezustehen. Das echte Rom ist, wenn du noch nie da warst, übrigens auch nach bald 2800 Jahren immer noch eine Großbaustelle mit vielen Ruinen zwischendrin.

Viel Zeit einplanen

Bei drängenden Problemen am Arbeitsplatz soll es oft besonders schnell gehen. Doch je größer das Unternehmen ist, desto mehr Geduld brauchst du. Bei einem Mittelständler kannst du eventuell sogar noch selbst direkt mit dem Eigentümer reden. Bei einem Konzern muss alles erst durch viele Management-Ebenen, manchmal sogar bis hoch zum CEO – und dann wieder zurück. 50 Prozent jeder Veränderung sind Überzeugungsarbeit. Plane deshalb ausreichend viel Geduld und Zeit ein.

Junge, unerfahrene Mitarbeiter sind in solchen Umbruchphasen leicht zu erkennen: Sie sind die einzigen, die nicht verstehen, wieso sich oft ganze Belegschaften gegen Veränderungen stemmen. Dabei ist die Erklärung verblüffend einfach: Weil es für 80 Prozent so funktioniert, wie es ist! Wieso sollten sie sich für ein Experiment mit unklarem Ausgang ihre bewährten Arbeitsabläufe und Routinen zerschießen lassen? Veränderung heißt für viele: Chaos durch all die Neuerungen, anschließend mehr Arbeit fürs gleiche Geld, strenger bewertet und kontrolliert werden. Das ist eigentlich nur reizvoll für höhere Manager und Eigentümer, der Rest hat es damit nicht so eilig.

Der Arbeitgeber hat seine Gründe

Wichtig ist es in solch einer Situation, sein Gegenüber ein wenig besser zu verstehen, auch wenn es schwerfällt. Henriekes Arbeitgeber hält sich erkennbar seit Jahren nur mühsam über Wasser und lebt von der Substanz. Das Management sieht derzeit nur diesen Kurs. Die Belegschaft hat sich, von einem gelegentlichen Nörgeln abgesehen, damit arrangiert oder verabschiedet. Das Unternehmen ist für perfekte Lösungen weder empfänglich noch bereit. Sie würden es zu diesem Zeitpunkt völlig überlasten, komplett handlungsunfähig machen. Falls sich einmal etwas ändern wird, dann nur in einem behutsamen, langfristigen Prozess.

Es ist eine gefährliche Versuchung, alles gleich selbst erledigen zu wollen.

Wenn du perfektionistisch veranlagt bist, würdest du – wie Henrieke – wahrscheinlich auch versuchen, möglichst viel selbst zu erledigen. Du kennst deine eigenen Anforderungen am besten, kannst sie ohne lange Erklärungen direkt umsetzen und erhältst das Ergebnis, das du dir vorgestellt hast. Diese Methode scheitert jedoch, sobald es um größere Projekte geht, bei denen viel erledigt werden muss und andere beteiligt sind. Dann staut sich auf einmal alles bei dir. Du wirst nicht mehr fertig und hältst zudem die anderen auf, die dir das bald zum Vorwurf machen und dich damit zusätzlich stressen. Oft hoffen Perfektionisten, durch ihre Leistung und erste Erfolge die anderen mitreißen zu können. Das endet meist damit, dass sie allein voranpreschen und ihnen doch keiner nachfolgt.

Als mehrjähriges Projekt sehen, das viel Geduld braucht

Die erfolgreichere Strategie ist es, eine solche Veränderung als ein mehrjähriges Projekt zu sehen. Ohne Garantie, dass es erfolgreich sein wird. Du wirst sehr viel Geduld brauchen und dich oft bremsen müssen, damit die anderen mitkommen. Gleichzeitig kannst du dabei zu jemandem werden, der einen spannenden Neuanfang begleitet, zum Mentor für andere wird. Die erste Entscheidung ist also: Willst du die Zeit und Kraft investieren? Es kann sich lohnen, wenn dir die Arbeit insgesamt Spaß macht, die Bezahlung stimmt und du den Eindruck hast, dass weitere Kollegen wie du denken, du also hilfreiche Unterstützer findest wirst.

Lass dich nie ganz vom Tagesgeschäft vereinnahmen, sonst gehst du unter.

Orientiere dich in jedem Fall zunächst am Arbeitsstil und -tempo der anderen und versuche, sie zu verstehen. Es gibt immer berechtigte, nachvollziehbare Gründe, warum die Lage so ist, wie sie ist. Damit vermeidest du voreilige Schlüsse und undurchdachte Pläne (»Ich zeige euch jetzt mal, wie es richtig gemacht wird«), die andere nur brüskieren und dir schaden. Gib jeder Veränderung viel Zeit, damit sie zur neuen Routine werden kann und den normalen Arbeitsablauf nicht zu sehr belastet. Gleichzeitig musst du darauf achten, dass du dich nicht völlig vom Tagesgeschäft vereinnahmen lässt. Blockiere dir dafür im Kalender feste Termine (zum Beispiel zwei Mal eine Stunde wöchentlich), in der du über deine Arbeitsorganisation und mögliche Verbesserungen nachdenkst sowie deine Kontakte – sowohl zu Unterstützern wie zu Kritikern – pflegst.

Nicht mehr ständig in Opposition

Dass deine veränderte Strategie wirkt, erkennst du daran, dass der Widerstand abnimmt und du dich nicht mehr ständig in

Opposition – »ich gegen alle« – siehst. Du wirst feststellen, dass es überall Menschen gibt, die zumindest einen Teil deiner Ansichten teilen und dich unterstützen. Widerstehe der Versuchung, sofort deinen perfekten Plan auszurollen, auf Tempo zu drängen und umfangreiche Theorien zu erläutern. Das wird die anderen nur langweilen, überfordern oder glauben lassen, dass es für ihren Alltag praktisch doch keine Rolle spielen wird oder du selbst nicht genau weißt, wie du es umsetzen sollst. Dieser Ablauf hilft dir mehr: Rege eine kleine praktische Verbesserung an und erkläre ihre Vorteile. Probiert sie gemeinsam aus, damit alle selbst die Vorteile sehen und anerkennen. Erst, wenn die Änderung zur neuen Gewohnheit geworden ist, sollte der nächste Schritt folgen. Lernen geht am besten schrittweise und mit ausreichenden Pausen.

Wer wirklich etwas in einer Firma ändern will, braucht dafür sehr viel Geduld und Kraft.

Nach den ersten kleinen Erfolgen wirst du feststellen, dass dein Projekt zunehmend »unser« Projekt wird. Ärgere dich nicht darüber, dass jetzt mehr mitreden. Freu dich daran, dass du diese Veränderung erfolgreich für alle anregen konntest. Vielleicht werden einige sogar nach deiner größeren Idee fragen. Ihnen kannst du dann diesen weitergehenden Einblick geben.

Übrigens geht es einem Abteilungs- oder sogar Firmenchef dabei gar nicht anders, obwohl er formell die Macht hat, etwas im Unternehmen von oben durchzusetzen. Er kann immer große Strategien und Visionen ankündigen. Aber sie versacken garantiert in der Belegschaft und werden im Alltag verwässert, wenn es keinen Plan gibt, all das in kleine Schritte aufzuteilen, sie über einen längeren Zeitraum gemeinsam zu lernen und immer wieder neu einzuüben. Das ist die ernüchternde, aber heilsame Erfahrung, die jede Führungskraft machen muss. Wenn aus der schönen Theorie auf einmal die unvollkommene Praxis wird. Ein kultureller Wandel ist schnell angekündigt, braucht aber realistisch selbst im besten Fall fünf bis zehn Jahre.

Ein beruflicher Neuanfang

Henrieke überlegte lange, ob sie bei ihrem Arbeitgeber bleiben sollte. Nach unserem Coaching sagte sie ihrer Chefin schließlich offen, dass sie erkennbar in unterschiedliche Richtungen wollten. Für das Unternehmen und das Team sei das nicht gut, sie bitte um einen Aufhebungsvertrag. Zeitlich sei sie flexibel und würde bei Interesse gern ein Konzept für mögliche spätere Veränderungen hinterlassen. Zu ihrer Überraschung äußerte ihre Chefin vollstes Verständnis und schrieb ihr eine sehr gute Beurteilung.

Fünf Monate später hatte Henrieke eine neue Stelle bei einem kleineren Startup. »Nicht mehr als Personalreferentin, sondern eine Stufe höher als HR-Partner. Da bin ich mehr in die Strategie involviert, kann grundsätzlichere Themen mitentscheiden.« Auch dort sei nicht alles perfekt: »Aber ich bin unter Leuten, die meine Vision teilen, und habe durch meinen alten Job gelernt, geduldiger und langfristiger heranzugehen.«

Kein Flirt mehr mit Perfektionismus

Die dümmsten Fragen der Welt werden leider noch immer in Bewerbungsgesprächen gestellt, meist aus Routine oder aus Einfallslosigkeit. »Wo sehen Sie sich in fünf Jahren?« zum Beispiel, als ob das Leben so planbar wäre. Dabei weiß man nicht einmal sicher, wo man in fünf Stunden sein wird. Oder: »Was ist ihre größte Schwäche?« In Berufsratgebern wird oft empfohlen, darauf solle man kokett »Perfektionismus« antworten. Weil das für Arbeitgeber angeblich nach »Ich arbeite gern zu viel und bin auch noch stolz darauf« klingt. Dabei weiß heute doch jeder: Von innen sieht ein Hamsterrad wie eine Karriereleiter aus. Man könnte darauf auch ganz entspannt entgegnen: »Zu viel Ehrlichkeit, Sie dumme Nuss!« Das wäre mal eine echte Stärke.

Im Beruf muss man manche Spielchen mitspielen, obwohl man sie durchschaut hat.

Für viele Mitarbeiter ist das, was sie jeden Tag bei ihrem Arbeitgeber beobachten, im Grunde eine intellektuelle Beleidigung. Jeder, der ein bisschen länger dabei ist, hat durchschaut, was da wirklich abläuft, sagt aber nicht viel – wissend, dass der andere das wahrscheinlich auch schon alles längst durchschaut hat. Die Kunst liegt darin, sich den Optimismus zu bewahren, dass sich doch etwas verändern kann, und das richtige Maß zu finden, wie viel alle Beteiligten leisten und verkraften können.

Die besten Chefs sind nicht diejenigen, die großartige Pläne verkünden, sondern diejenigen, die Idealismus mit Realismus kombinieren können und die Beharrlichkeit haben, sich anschließend über mehrere Jahre täglich darum zu kümmern, dass es in kleinen Schritten trotz aller üblichen Probleme und Widerstände langsam in die gewünschte Richtung geht. Es gibt solche außergewöhnlichen Führungskräfte. Sie wiederholen bei jeder Gelegenheit dieselben drei oder vier Punkte, die ihnen wichtig sind – bis sie wirklich an jedem Schreibtisch, an jeder Werkbank oder an jedem sonstigem Arbeitsplatz verstanden und umgesetzt sind.

Eine kleine Übung: Gewöhne dich daran, mehr zu delegieren

Du kannst also deinen Perfektionismus mildern, indem du lernst, langfristiger zu denken und Aufgaben zu delegieren. Anfangs fällt das schwer: Das Erklären braucht Zeit, und die ersten Ergebnisse frustrieren fast immer. Aber Delegieren beginnt damit, dass deine Mitarbeiter von dir lernen und besser werden. Dafür brauchen sie deine Ermutigung, deinen Rat und die Freiheit, manches anders umzusetzen, als du es machen würdest. Oft dauert das drei bis sechs Monate. Erst danach können sie dir Arbeit und Verantwortung abnehmen. Überlege dir drei berufliche oder private Aufgaben, die du zukünftig delegieren könntest – wer übernimmt sie, was erwartest du?

Warum hat Mr. Perfect nie eine Rose für mich?

Für Cornelia war es selbstverständlich, eine Familie zu haben. Seit ihrer Trennung vor einigen Jahren lebt sie aber allein mit ihrer Tochter – und jeder neue Mann scheint nur zweite Wahl. Deine Lektion: Vergleiche nie mit einem Ideal.

Schon vor einiger Zeit hatte sich Cornelia selbst dabei ertappt, dass sie neue Dates bereits auf dem Weg zur Verabredung weitgehend abschrieb. Einer Freundin gegenüber beschrieb sie resigniert, was sie inzwischen erwartete: »Entweder, er ist schon verheiratet, zu klein oder trägt hässliche Schuhe!«

Da versprachen ihr all die Internetseiten und Apps, bei denen sie sich angemeldet hatte, interessante Männer. Tatsächlich sah manches Profilfoto gar nicht so übel aus, war manche Selbstbeschreibung charmant oder sogar humorvoll. Aber wen sie dann in der Realität traf, schien ihr unentschuldbar mangelhaft.

Beim genauen Blick ist keiner ganz normal, eventuell nicht einmal man selbst.

Regelmäßig war ihr Eindruck, dass ihr Gegenüber seelisch nicht ganz in Ordnung war – Narzisst, Borderliner oder notorischer Fremdgänger mit Bindungsstörung. Traf das nicht zu, war er garantiert schlecht gekleidet, ein solch langweiliger Gesprächspartner, dass man kaum eine gemeinsame Stunde im Café durchstehen konnte, oder aber zu nett und eventuell schon total verzweifelt. »Mir geht das zu schnell! So jemanden blockiere ich lieber als Kontakt, da kann etwas nicht stimmen«, war dann fast immer ihre

Reaktion. Irgendwann hatte sie so wenig Lust auf diese Treffen, dass sie einige Male bereits auf dem Parkplatz vor dem Restaurant eine kaum glaubhafte Absage in ihr Handy getippt hatte und über sich selbst frustriert wieder nach Hause gefahren war. Wann war Verlieben so kompliziert geworden?

Jeder hat Macken, die man lieben lernen muss

Cornelia hatte als Facharbeiterin in einem chemischen Unternehmen begonnen, später noch studiert. Seit der Trennung von ihrem damaligen Partner vor neun Jahren lebte sie allerdings allein mit ihrer gemeinsamen Tochter. »Ich bilde mir ein, dass ich eine unkomplizierte, realistische Frau bin, mit der man eine Beziehung aufbauen kann«, meinte sie. »Ich habe Freunde, gehe zum Crossfit, bin in einem Leseverein aktiv. Es ist sicher nicht so, dass ich zu Hause sitze und auf meinen Traumprinzen warte.« Seit der Trennung aber war sie solo und konnte sich das nicht mehr erklären. »Erwarte ich zu viel? Ich suche einen ganz normalen Mann. Aber jeder, den ich treffe, hat solche Macken, dass ich nicht einfach darüber hinwegsehen kann!«

Der Wunsch nach einer neuen Beziehung führt oft zu einer jahrelangen Suche.

Der Wunsch nach einer neuen (oder besseren) Beziehung ist ein häufiges Anliegen. Wer mit einem Coach darüber spricht, hat fast immer eine jahrelange vergebliche Suche hinter sich. Wurde verletzt durch unehrliche oder unreife Menschen, verunglückte Verabredungen und Beziehungen, die schnell wieder auseinandergingen. In unseren Gesprächen geht es darum, Wünsche und Erwartungen zu klären, eine neue Strategie auszuprobieren – aber auch, überhaupt wieder an die Liebe zu glauben. Mancher muss erst wieder lernen, sich nicht mehr länger mit Zynismus zu trösten.

Ganz anderes Leben geplant

»Geplant war das alles nicht so«, erklärte Cornelia bei unserem ersten Termin und klang eher ernüchtert als enttäuscht. »Mein Partner und ich wollten heiraten, nachdem unsere Tochter geboren sein würde. Ein Haus hatten wir uns schon angesehen, das für uns als Familie gepasst hätte. Leider musste er während meiner Schwangerschaft eine Affäre mit einer Kollegin anfangen, die ich sogar kannte. Ich habe durch Zufall davon erfahren, als ich eine Chat-Nachricht von ihr auf unserem iPad sah. Er hat es erst abgestritten, sich dann ewig entschuldigt. Aber für mich passte sowieso schon davor einiges nicht mehr. Ich traute mir auch völlig zu, die Kleine alleine groß zu kriegen. Wenn ich ehrlich bin, schien mir das damals sogar einfacher. Ich konnte allein entscheiden, mich auf das Leben zu zweit konzentrieren. Mein Partner kam mir manchmal vor wie ein zusätzliches Kind.«

Die Auswahl an Kandidaten täuscht, auch wenn es anfangs anders scheint.

Nach der Trennung blieben sie freundschaftlich verbunden, teilten sich das Sorgerecht und unternahmen gelegentlich sogar etwas gemeinsam. Sie verbrachte mehrmals einige Urlaubstage im Haus seiner Eltern auf dem Land, mit denen sie sich weiterhin gut verstand und denen sie die Enkelin nicht vorenthalten wollte. »Ich habe natürlich oft darüber nachgedacht, ob wir nicht wieder zusammenkommen sollten«, sagte Cornelia. »Praktisch wäre es gewesen, auch gut für unsere Tochter. Aber inzwischen war da auch kein romantisches Gefühl mehr zwischen uns. Für mich ist er heute wie ein guter Freund, aber eigentlich keine Partner-Option.«

Auf den Rat mehrerer Freundinnen meldete sie sich bei verschiedenen Dating-Plattformen an. »Anfangs fand ich das aufregend. So viele Männer um einen herum, die man anders gar nicht kennenlernen würde! In den Apps sieht man heutzutage ja sogar auf den Meter genau, wer um einen herum auch sucht.« Als alleinstehende Mutter fand sie das sehr praktisch, da es zeitlich schwierig und nicht mehr besonders interessant für sie war, abends noch in Clubs oder Bars zu gehen. Bald sah ihre Bilanz aber so aus: »Etwa die Hälfte – gebunden oder alleinstehend – suchte einfach eine Affäre. Alle anderen hatten einen Hau.«

Ein Großteil der Männer schien tatsächlich zu suchen – aber nicht sie, sondern sich selbst. »Einer kam zu jedem Date mit Ehering am Finger, erzählte mir von seiner schwierigen Frau, ihrem letzten Urlaub und den Problemen mit seinem Chef. Ich habe nur höflich zugehört und krampfhaft überlegt, was ich darauf antworten soll«, erinnerte sich Cornelia. »Ein anderer breitete beim ersten Treffen seine sexuellen Erlebnisse aus, Partnertausch und so. Vielleicht sollte mich das anmachen oder seine Erwartungen klarstellen. Ich fand es nur gruselig.« Einem netten, gebildeten Mann, frisch geschieden, standen beim Gespräch die Tränen in den Augen. »Auch schlimm, er tat mir leid. Er hätte eher Trost gebraucht, keine Verabredung. Er war überhaupt nicht bereit für etwas Neues.«

Beim Dating merkt man, wie viele gar nicht bereit für eine Beziehung sind.

Nur zweimal lud sie in all den Jahren jemanden zu sich nach Hause ein, damit er als angeblicher »Kollege« beim Kaffee einmal ihre Tochter kennenlernten konnte. »Aber das habe ich bald wieder gelassen«, meinte Cornelia. »Ich hatte auch keine Lust mehr auf die ewig gleichen Gespräche: Wer bist du, was machst du, was suchst du?« Gelegentlich zweifelte sie inzwischen daran, ob sie überhaupt wieder mit einem Mann zusammenleben wollte: »Brauche ich es noch, dass einer überall seine Klamotten rumliegen lässt?« Aber sie wollte die Vorstellung, gemeinsam mit jemandem alt zu werden, nicht aufgeben und war auch der Ansicht, dass ihrer Tochter ein täglich anwesender Ersatzvater guttun würde. »Aber wo findet man denn so ein Exemplar?« Manchmal schien es ihr inzwischen, als ob sie Ansprüche ans Leben stellte, die völlig überzogen waren. Dann wieder, als ob es hier doch um Selbstverständliches ginge.

»Singles mit Niveau« ist manchmal Ironie

In einem Witz fragt der Pastor seine Gemeinde, ob jemand einen absolut perfekten Mann nennen könne. Ein älterer Mann nickt und steht auf: »Ich kannte ihn nicht persönlich, aber ich habe viel von ihm gehört. Er war der erste Mann meiner Frau.« In Wahrheit sind die besten Beziehungen gar nicht perfekt. Ist dir zum Beispiel einmal aufgefallen, dass in der Reality-TV-Serie »Mein Leben mit 300 kg« nie jemand Single ist? Wer vier belegte Brötchen, drei Packungen Chips, eine Packung Schokoriegel und zehn Beutel M&Ms bereits zum Frühstück gegessen hat, kann sich gar nicht mehr groß über seinen Partner aufregen.

In Kontaktanzeigen lernt man zwangsweise mehr über andere, als man jemals wollte.

Hat man sich erst einmal aneinander gewöhnt, soll dann alles so bleiben, wie es ist. Viele Stars haben uns vorgeführt, dass der neue Partner exakt wie das Vorgängermodell sein soll, nur eben die nächste Generation. In meiner Lokalzeitung erschien vor einiger Zeit diese Kontaktanzeige: »Suche Frau aus Peru. Meine Ex-Frau ging nach 18 Ehejahren ohne Abmeldung zurück.« Es wäre interessant zu erfahren, wie die Kriterien der armen Ex-Frau heute aussehen. »Suche Mann, der sich auch ein bisschen für mich persönlich interessiert«, vielleicht. »Singles mit Niveau« ist leider manchmal eben nur ironisch gemeint, wie man feststellen muss.

Suche nach einem Ideal

In unseren Gesprächen stellten wir fest, dass Cornelia keineswegs – wie sie selbst überzeugt war – »einen ganz normalen Mann« suchte. Das bezog sich bestenfalls darauf, dass er konventionellen Kriterien in Bezug auf Aussehen und Verhalten entsprechen sollte. Sie suchte das perfekte Ideal, wie sie bald selbst mit einem Lächeln einräumte. Beruflich sollte er erfolgreich sein, aber auch viel Zeit für sie und die Familie haben. Attraktiv sein, mindestens 1,80 Meter groß, aber bescheiden auftreten. Intellektuell sein, aber praktisch veranlagt, etwa auch einmal etwas im Haus reparieren können. Ein humorvoller Unterhalter, der aber auch gern zuhörte. Großzügig, sparsam. Sinnlich, treu. Kurz: Alle Gegensätzlichkeiten in einer Person vereint. Sie selbst sollte er so akzeptieren, wie sie war, und ihre Tochter wie seine eigene annehmen. Das alles ist verständlich, aber wenig realistisch. Einen Partner kann man sich nicht backen.

Das wichtigste Kriterium nicht vergessen

Eine lange Liste mit Wunschkriterien für einen Partner verführt dazu, auch realistische Optionen unüberlegt und zu früh auszusortieren. Wer erfüllt schon alle Wünsche? Besser ist eine Prioritätenliste: Was ist zwingend, was wäre schön, was geht nicht? Fast alle wünschen sich gutes Aussehen, Humor und Intelligenz. Vergiss aber nicht, was als wichtigstes Kriterium ganz oben auf deiner Liste stehen sollte: Er will eine Beziehung, und zwar mit dir.

Vergleich mit einem Ideal

Cornelia wusste inzwischen – das ist ein Vorteil des mittleren Lebensalters – recht gut, was für sie funktionierte und was nicht. Aus verständlichen Gründen lehnte sie diejenigen direkt ab, die bereits gebunden waren, nur eine Affäre suchten oder sich klar danebenbenahmen. Sie musste als Mutter auch mehr Verantwortung zeigen, in dieser Sache immer für zwei denken.

Die Dating-Webseiten und Apps schufen die Illusion, dass es unbegrenzt Nachschub an Kandidaten gäbe. Aber sie musste feststellen, dass es selbst nach jahrelanger Suche nicht besser wurde. Im Gegenteil, sie wurde misstrauischer und kritischer.

Jeder neue Interessent musste sich nicht etwa mehr nur mit anderen Männern vergleichen lassen oder auch nur mit ihrem früheren Partner. Sondern mit einem Idealbild, dem niemand entsprechen konnte. Diese Vorsicht schützte Cornelia vor Enttäuschungen, verhinderte aber auch jede positive Überraschung.

Bei ihrer Suche ging sie relativ einseitig und starr vor. Als wäre eine Planstelle mit festen Anforderungen in ihrem Leben zu besetzen, das sich ansonsten nicht weiter verändern sollte. Zugleich war sie gar nicht so sicher, ob sie nach der langen Zeit überhaupt wieder mit einem Mann zusammenleben wollte. Gewisse Vorteile ihrer derzeitigen Situation waren zudem tatsächlich unbestreitbar: Sie konnte sich ihr Leben recht frei einrichten und gestalten. Wer das ändern wollte, müsste – so das Ergebnis – schon ein Bewerber der Extraklasse sein.

Traumpartner gibt's nur bis zum Aufwachen

Wie knapp Traummänner sind, können Frauen beim »Bachelor« auf RTL sehen. Wenigstens dort sollen ja angeblich die zu treffen sein, die sie sonst nie kennenlernen würden. Aber dann ist er auch wieder nur ein Versicherungsvertreter oder Sportstudent aus der Provinz, der Schulden und ein uneheliches Kind hat. Er geht gern ins Gym, knutscht manchmal mit anderen Frauen und wohnt mit 35 noch in einer WG. Deshalb müssen für den Dreh immer erst eine Villa und ein Auto gemietet werden. Eigentlich ergäbe das Konzept nur umgekehrt Sinn: Der »Bachelor« müsste darum kämpfen, dass ihn wenigstens eine der 22 Frauen nimmt!

Die Medien spielen uns ständig vor, dass es irgendwo da draußen perfekte Partner gibt.

Den Männern geht es nicht anders mit den Fantasiefiguren aus der Medienwelt. Die Fotos der »Playmates« sind extrem bearbeitet: Endlich einmal schauen, was man aus Photoshop so alles rausholen kann! Nicht einmal *Playboy*-Erfinder Hugh Hefner hatte das Leben, das er in seinem Magazin präsentierte. »Es gibt Leute, die sagen, im nächsten Leben wollen sie ich sein«, gestand er in einem Interview. »Da kann ich nur sagen: Ich auch!« Seine letzte, dritte Ehefrau war 60 Jahre jünger als er selbst. Das ist schon keine Beziehung mehr, sondern Kinderbetreuung für sie und Pflegeservice für ihn.

Dating ist auch Selbstsuche

Es ist eine Versuchung, nach Dating-Enttäuschungen sehr grundsätzlich zu werden. »Alle Männer sind Idioten«, »Alle Frauen wollen nur ans Geld«, »Die Guten sind sowieso schon vergeben«. Aber Dating ist nicht nur die Suche nach einem Partner, sondern auch – und zuerst – nach sich selbst. Wer bin ich heute, was und wen will ich? Mancher Schmerz nach einer Trennung ist noch lebendig, manches Abenteuer scheint vorerst verlockender als eine neue Beziehung. Bei jedem Treffen sitzt du jemandem gegenüber, der sich Ähnliches fragt und denkt, aber dabei manchmal auch zu anderen Antworten kommt als du.

Verlieben kannst du nicht erzwingen, aber die Chancen darauf erhöhen.

Der verständliche Versuch, diesen lebendigen Prozess in feste Abläufe mit klarem Ergebnis zwängen zu wollen, scheitert. Geplant einen Partner zu finden ist möglich und in vielen Kulturen absolut üblich (die klassische Zweck- oder Vernunftehe). Wer sich aber verlieben möchte, kann bloß die Chancen darauf erhöhen, es aber weder bei sich noch dem anderen erzwingen. Wenig sinnvoll ist es auch, sich gedanklich einen perfekten Partner mit allen möglichen positiven Eigenschaften zusammenzustellen – und dann so lange nach ihm suchen zu wollen, bis man ihn endlich gefunden hat. Du wirst dabei immer feststellen, dass es diese erträumte Person nicht gibt, oder du fällst auf jemanden rein, der kurzzeitig so wirkt, sich dann aber als ganz anders herausstellt.

Erst kennenlernen, dann verlieben

Die bessere Strategie ist es, bei der Partnersuche bis zu einem gewissen Grad geplant und systematisch vorzugehen, dann aber offen und neugierig zu schauen, was sich entwickelt. Ausreichend viele Gelegenheiten dazu solltest du also aktiv schaffen: dich mehrmals pro Woche mit jemandem verabreden oder etwas unternehmen, das dir Spaß macht. Dann aber ganz in Ruhe versuchen, jedes Gegenüber kennenzulernen und zu verstehen. Was für ein Mensch sitzt da vor dir, was hat ihn geprägt, was denkt er über das Leben? Sei ehrlich in deinen eigenen Antworten, das ermutigt auch den anderen zu Offenheit. Wenn möglich, seht euch wenigstens zweimal für einen besseren, vor allem realistischeren Eindruck. Restaurants und Bars können ein guter Treffpunkt sein, aber eine Ausstellung oder Veranstaltung machen es interessanter.

Wenn dir Dating keinen Spaß mehr macht, musst du dich nicht dazu zwingen.

Dating sollte etwas sein, das dir Spaß macht, und nicht zur lustlosen Routine werden. Wenn du dich auf derartige Treffen nicht mehr freust, keine Neugier auf dein Gegenüber hast, dann mach eine Pause. Wenn dich eine Methode (zum Beispiel Apps) frustriert, wechsle zu einer anderen (etwa mehr im Sportverein unternehmen). Reine Online-Bekanntschaften solltest du innerhalb weniger Wochen treffen, um dich selbst davon überzeugen zu können, wer dir da schreibt und ob die Person überhaupt einen Kontakt in der echten Welt möchte. Grundsätzlich empfiehlt es sich: Suche keinen Traumpartner, sondern einen alltagstauglichen Partner für ein traumhaftes gemeinsames Leben.

Ehrliches Interesse

Dass sich deine Perspektive verändert, erkennst du daran, dass du zu Dates nicht mehr mit einer inneren Checkliste gehst und dein Gegenüber daran abgleichst. Sondern dich offen auf diesen neuen Menschen einlässt, dich für ihn interessierst, zuhörst und beobachtest. Dass du ohne Angst von dir erzählst, etwa, dass du beispielsweise heiraten oder Kinder möchtest. Das erlaubt auch deinem Gegenüber, mehr von sich zu zeigen, wenn er möchte.

In manchen Fällen werden die Antworten früh ergeben, dass es besser ist, respektvoll wieder auseinanderzugehen, nur locker befreundet oder gar nicht weiter in Kontakt zu bleiben. In anderen wird ohne viele Umstände schnell klar werden, dass ihr euch unbedingt besser kennenlernen solltet. Du kannst dabei auch einen zunächst noch Unbekannten mit einem liebevollen, empathischen Blick sehen – so, wie du ihn dir auch auf deine eigenen Unzulänglichkeiten wünschen würdest. Eventuell sind dann die Schuhe, falls sie wirklich nicht deinem persönlichen Geschmack entsprechen, auch gar nicht mehr so wichtig.

Endlich Klarheit

»Ich habe so viele Männer getroffen, dass ich mir wirklich nicht mehr einreden kann, dass da draußen irgendwelche unentdeckten Traumtypen unterwegs sind«, meinte Cornelia nach unseren Gesprächen. Ihr Ex sei der Einzige gewesen, der all die Jahre für sie da gewesen sei. Sie wollte nun doch herausfinden, ob es nicht noch eine Chance für sie gäbe – auch ihrer Tochter zuliebe.

Die neue Liebe ist fast immer eine völlig unerwartete Überraschung.

Tatsächlich gingen sie einige Male etwas trinken. Dabei erfuhr Cornelia, dass er seit einiger Zeit eine neue Freundin hatte, die er ihr gegenüber nur noch nicht erwähnt hatte. Sie ließ sich ihre Enttäuschung nicht anmerken, wusste aber nun sicher, dass diese Chance vorbei war. Wenig später begann sie, gelegentlich mit einem Mann aus ihrer Crossfit-Gruppe auszugehen. Er hatte ebenfalls eine Tochter, so konnten sie auch ihre Ausflüge mit den Kindern gut verbinden. »Ich weiß noch nicht, was daraus wird. Aber es ist das erste Mal seit Langem, dass mich ein verfügbarer Mann interessiert – und er sich für mich.«

Immer realistisch bleiben

Irgendwo habe ich einmal eine Theorie gehört, die mich sofort überzeugt hat: Romantische Komödien sind für Frauen eine ebenso verführerische Sucht, wie es Pornografie für Männer ist. Beide Genres schüren überzogene Erwartungen, die im Leben keiner erfüllt. Am Ende muss man enttäuscht feststellen, dass selbst unter acht Milliarden Erdbewohnern keiner ist, der sich real so verhält, wie es sich Drehbuchautor und Regisseur ausgedacht haben. *50 Shades of Grey* könnte die einzige Fantasie sein, die Frauen wie Männer glücklich macht! Zudem hat sie praktische Seiten: Da diese Romanze mit einem Bewerbungsgespräch beginnt, lernt man zumindest etwas fürs Berufsleben dazu, falls sich ansonsten nichts umsetzen lassen sollte.

Eine kleine Übung: Dating-Gelegenheiten für jede Woche planen

Du kannst Perfektionismus in der Partnersuche also überwinden, indem du nicht mehr nach einer Fantasiefigur Ausschau hältst, sondern lieber die realen Menschen um dich herum besser kennenlernst. Wenn du gerade Single bist: Plane in deinem Kalender zwei bis drei feste Gelegenheiten pro Woche ein, in denen du entweder eine Verabredung triffst oder etwas unternimmst. Worauf hättest du Lust? Wenn du in einer Beziehung bist: Plane zwei bis drei Gelegenheiten, die du mit deinem Partner so verbringen kannst, als würdet ihr euch noch einmal neu kennenlernen. Was würde euch beiden gefallen?

Ich gehe erst ins Gym, wenn ich schlank bin

Alexej hat sich schon so oft vorgenommen, endlich ein paar Kilo abzunehmen, doch immer wieder aufgegeben. Ins Sportstudio traut er sich aber erst, wenn er schon schlank ist. Deine Lektion: Jeder hat mal von vorn angefangen.

Lange war Alexej davon überzeugt, dass die Innenarchitekten von Sportstudios ganz besondere Sadisten sein mussten. Sämtliche Wände von oben bis unten verspiegelt – das war doch nur für austrainierte Fitnessmodels reizvoll, nicht für durchschnittliche Besucher! Ihm bestätigten sie von allen Seiten, dass er in den letzten Jahren unbestreitbar zugenommen hatte. Im Alltagsleben ließ sich das noch irgendwie verdrängen. Hier, allseitig gespiegelt im Neonlicht, war es bloßgestellt: Der Bauch war inzwischen dicker als die Brust, obwohl es umgekehrt sein sollte. Den eigenen Hüftspeck konnte man sogar ganz bequem von hinten betrachten, wenn man versehentlich im falschen Winkel durch das Spiegelkabinett schaute. Selbst der Kampf gegen das Übergewicht war alles andere als ein attraktiver Anblick. Bei jeder Bewegung hüpften die Fettpolster mit, leuchtete der Kopf rot unter den verschwitzten Haaren. Bei allem Ehrgeiz: Wer wollte sich das freiwillig antun? Alexej war nach jedem Probetraining, für das er sich immer wieder einmal angemeldet hatte, klar: Er sicher nicht. Dann doch lieber zurück nach Hause auf die Couch.

Besonders erfolgreiche Vorbilder wirken manchmal eher demotivierend.

Die Stammbesucher und Trainer deprimierten ihn zusätzlich. Da wölbten sich die Bizepse und Brustkörbe in der korrekten Form, standen breite Schultern über schmalen Taillen, rundeten sich kompakte Hinterteile in kurzen Hosen. So würde er sich auch gern im Spiegel betrachten! Dagegen fühlte er sich aber wie der Blob in einem schwarzen Shirt in Übergröße.

Fehlende Motivation ist das schwerwiegendste Problem

Alexej, ein freiberuflicher Kulturjournalist, hatte sich für ein Coaching angemeldet, um seine »Willensstärke zu verbessern«. Er wolle gern mehr Auftraggeber aktiv ansprechen und seine Arbeiten und Abrechnungen schneller erledigen. Nach einem kurzen Zögern nannte er auch ein Beispiel aus dem persönlichen Bereich: »Ich versuche seit Ewigkeiten, abzunehmen und in Form zu kommen. Aber mir fehlt der Wille. Ich stelle mir so etwas wie ein Mentaltraining für Sportler vor. Geht das?« Eigentlich sei ihm das sogar am wichtigsten: »Wenn ich mich in meiner Haut wohlfühle, trete ich auch im Job besser auf!«

Vermeintliche Mängel bemerken andere oft kaum oder finden sie gar nicht dramatisch.

Dass ein Klient einen vermeintlichen Nebenaspekt plötzlich zu seinem Hauptproblem erklärt, kommt in Coachings oft vor. Der Grundgedanke dabei: Wenn ich diese eine Sache lösen kann, dann später auch alles andere. Dem Klienten erscheint dieser Ansatz als bester Beginn einer insgesamt gewünschten Veränderung.

Ich empfand Alexej überhaupt nicht als dick. Er war ein mittelgroßer, gutaussehender und sympathischer junger Mann. Tatsächlich ein wenig rundlich unter seinem weiten T-Shirt, wenn man genauer darauf achtete. Wahrscheinlich aber belastete ihn das mehr, als es für andere eine Rolle spielte. Er hatte jedoch entschieden, dass er dieses Thema zuerst angehen wollte, und das allein zählt für mich als Coach. Die Prioritäten des Klienten geben den Takt vor und werden grundsätzlich respektiert.

Erst zu dünn, plötzlich nicht mehr

In unserem ersten Gespräch zeigte mir Alexej einige Kinderfotos von sich. Ein schmaler Junge war darauf zu sehen. »Ich war so dünn, dass mir meine Mutter damals einen Appetitanreger vom Arzt verschreiben ließ«, erzählte Alexej amüsiert. »Ich war ständig in Bewegung, hatte nie viel Hunger. Bis Mitte 20 konnte ich essen, was ich wollte. Mittags Hamburger, Pommes, Cola, nachmittags Kuchen – kein Problem. Da setzte nichts an.«

Die größten Probleme entwickeln sich schleichend über viele Jahre.

Bemerkte er als junger Erwachsener doch einmal ein, zwei Kilo mehr auf der Waage, hielt er sich etwas zurück und war innerhalb weniger Tage wieder bei seinem Normalgewicht. »Ich bildete mir damals noch ein, dass ich besonders diszipliniert bin. Dabei lag es wohl eher an meinem Alter«, meinte er. »Da ist der Stoffwechsel auch ohne Sport extrem aktiv.«

Mit Anfang 30 stellte er eines Tages überrascht fest, dass sein Gewicht nicht mehr so einfach wieder zurückging, wenn er auf einige Mahlzeiten verzichtete. »Die letzte Phase meines Studiums war sehr stressig, daran lag es wohl. Ich pendelte ständig zwischen Uni, Wohnung und dem Magazin, bei dem ich jobbte. Da sparte es Zeit, morgens schnell in der U-Bahn zu essen. Irgendwas vom Bäcker im Bahnhof – belegtes Brötchen, Milchkaffee, ein Cookie. Abends war es bald ähnlich: Sandwich, Burger oder Pizza. Mir war selbst klar, dass das nicht gesund ist. Aber die meisten Sachen zum Mitnehmen sind so. Die abgepackten Salate schmecken ja nicht und machen auch nicht satt.«

Als er sich nach dem Studium und ersten Jobs selbstständig gemacht hatte, änderte sich nicht viel. »Die Aufträge kamen sehr unregelmäßig. Ähnlich sah es mit meinen Arbeitszeiten und Einnahmen aus. Mal zu viel, mal zu wenig. Ich habe weiter meist unterwegs gegessen, weil ich Termine in der ganzen Stadt hatte. Sport wäre gut gewesen. Aber dafür hatte ich keine Nerven, auch keine Lust. Ich redete mir ein, dass ich das später wieder aufholen könnte. Aber dieses ›später‹ kam nie. Mein Leben war ständig so hektisch, doch das fiel mir lange Zeit nicht auf.«

Mit Mitte 30 bemerkte er erschrocken, dass er, der immer zu dünn gewesen war, plötzlich »rundlich« wurde. Hemd und Hose kniffen, wo sie vorher locker auf der Hüfte saßen. »Ein Kollege sprach mich in der Redaktion auf mein ›Bäuchlein‹ an«, sagte Alexej. »Er war eher amüsiert. Für mich war es ein Schock: Jetzt fiel es sogar schon den anderen auf! Innerhalb von drei Jahren hatte ich 17 Kilo zugenommen, und es ging weiter rauf.«

Wenn du einmal aufgibst, musst du nicht gleich den ganzen Plan vollständig aufgeben.

Er nahm sich eilig vor, von nun an gesünder zu essen: »Aber mein Alltag war nach wie vor zu hektisch. Frisch einkaufen, selbst kochen – klang theoretisch sehr gut, aber mir fehlten dafür Zeit und Kraft.« Das Gleiche galt für Sport, mit dem er nun dringend beginnen wollte: »Ich kaufte zwar neue Sneakers und Läuferhosen. Aber mal war es mir zu kalt oder zu heiß, mal regnete es oder ich war nach der Arbeit zu müde. An einigen Abenden stand ich schon fertig umgezogen da. Und hatte so wenig Energie, dass ich mich wieder auf die Couch gesetzt und lieber mit dem Handy herumgespielt habe«, gestand er. »Manchmal bin ich zwar rausgegangen, aber nach einigen Minuten Laufen schon wieder heimgekehrt, weil ich mich kurzatmig und unwohl fühlte.«

Training im Sportstudio, seine andere Idee, schüchterte ihn schon beim Probetraining ein: »Da komme ich mir vor wie das dumme Dickerchen zwischen lauter Supermännern! Ich weiß noch nicht einmal genau, was ich an den Geräten machen muss. Dann noch das peinliche Gefühl, dass mich alle beobachten und sehen, dass ich keine Ahnung habe.« Einige Male schloss er trotzdem einen Vertrag ab, bezahlte monatlich, ging aber nicht hin. Manchmal, so gestand er, frage er sich, ob das alles normal sei für sein Alter. »Aber aufgeben? Dafür bin ich noch nicht bereit.«

Fitness-Influencer sind auch nur Menschen

Auf Twitter habe ich einmal den Tipp gelesen: »Wenn ihr wissen wollt, ob ihr zu dick seid, fragt nicht eure beste Freundin. Lasst euch von einem Kindergartenkind malen.« Mehrere befreundete Mütter erzählten mir von dem niederschmetternden Moment, in dem ihr Kind sie begeistert ansah und meinte: »Ich mag, wie du aussiehst. Du bist so schön gemütlich dick!« Manche Mama surft beim Warten an der Supermarktkasse frustriert durch Instagram und fragt sich, wann die ewig aktive »Yogalehrerin, Fitness-Bloggerin und Influencerin« eigentlich einkaufen geht. Sie kann sich doch nicht nur von Herzchen und Kommentaren ernähren und ewig so energiegeladen sein!

Den Männern geht es nicht anders, wenn sie sich beim Lesen der *Men's Health* mit dem »25-jährigen Fitness-Model Greg aus Kapstadt« vergleichen, das »gerade auf dem Weg zum Surfen« ist, während sie selbst im Stau zwischen Kita und Büro festsitzen. Ein bisschen kann man boshaft hoffen, dass »Greg« – wenn er einmal über 40 und zweifacher Papa ist – auch mit Hüftspeck kämpft und schon froh ist, wenn er noch in seine Jogginghose mit Stretchbund passt. Aber mittlerweile zeigen einem diese Zeitschriften sogar weißhaarige, langbärtige Fitness-Greise, als wäre inzwischen selbst der Weihnachtsmann ein Bodybuilder.

Demotiviert durch übergroßen Ehrgeiz

Wie wir in unseren Gesprächen feststellten, demotivierte sich Alexej selbst durch seinen Perfektionismus. Er, gerade am Anfang seiner Bemühungen, wollte alle Möglichkeiten sofort umsetzen und verglich sich ehrgeizig mit denen, die seit Jahren aktiv waren. Das kollidierte mit seinem Alltag und entsprach auch nicht seiner verfügbaren Energie. Manche spornt so ein überzogener Vergleich an. Die meisten entmutigt er – »Schaffe ich nie, also gar nicht erst versuchen«. Alexej beneidete die anderen Männer im Sportstudio, dachte aber gar nicht daran, dass auch sie alle einmal Anfänger gewesen waren. Zudem fehlte ihm Wissen, etwa zu den Fitness-Geräten. Bei professioneller Einweisung hätte er zudem erfahren: All die Spiegel in einem Sportstudio dienen nicht etwa der Eitelkeit der Besucher, sondern dazu, auf korrekte Körperhaltung und Bewegungsabläufe zu achten, um effektiver zu trainieren und das Verletzungsrisiko zu minimieren.

Früh zu viel vorgenommen

Schon seit längerer Zeit war Alexej wegen seines Gewichts frustriert. Die überhaupt nicht böse gemeinte Bemerkung seines Kollegen, dass er ein Bäuchlein bekommen habe, hatte ihn geradezu alarmiert. So oft hatte er mit wenig Durchhaltevermögen versucht, gesünder zu essen und mehr Sport zu treiben. Nun sollte es »ab sofort ganz anders« laufen. Er wollte gleichzeitig gesünder einkaufen und selbst kochen, joggen und ins Sportstudio gehen.

Die Gründe, die zu seiner Situation geführt hatten, bestanden allerdings unverändert fort. Er hatte tatsächlich beruflich viel Stress, aber wenig Zeit und Energie. Ihm fehlte es auch an faktischem Wissen und Erfahrung und deshalb an einer realistischen Einordnung beim Vergleich mit anderen. Deshalb hatte er schon nach dem kleinsten Versuch immer wieder enttäuscht aufgegeben, sich über sich selbst und seinen vermeintlich »schwachen Willen« geärgert. Du hast das sicher auch schon manchmal ähnlich erlebt.

Wer sich selbst die Lebensfreude nimmt, scheitert mit hoher Wahrscheinlichkeit.

Mit seinem verständlichen Bemühen, schnell Erfolge zu sehen, nahm sich Alexej unnötig Lebensfreude und damit Motivation. Natürlich ist es gemütlicher, auf dem Sofa eine schöne

Serie anzuschauen und dabei Cookies zu essen, als einsam im Nieselregen eine Landstraße entlang zu rennen. Selbst Profi-Athleten kombinieren ihr Training deshalb mit Dingen, die sie erfreuen und wieder aufbauen. Aus den besten Motiven war Alexej zu hart zu sich und vergaß, dass auch die wichtigsten Vorhaben Spaß machen sollten, um sie gut durchhalten zu können.

Die Fitness-Industrie verkauft kräftig Hoffnung

Eine ganze Industrie lebt von der unerfüllbaren Hoffnung, dass Abnehmen und Fitness mit geringster Anstrengung möglich wären: »Zehn Minuten am Tag verändern Ihr Leben«. In den Home-Shopping-Werbespots lächeln Sportler mit olympischen Körpern in die Kameras und behaupten, dieses wacklige Laufband aus chinesischer Produktion oder jenes Vibrationsgerät im Sonderangebot hätte all das bewirkt. Andere verkaufen normale Obst- und Gemüsesäfte zum Preis von Champagner, dafür gewürzt mit dem Versprechen, dass diese »Fitness-Smoothies« und »Detox-Säfte« alle Sünden der Vergangenheit wegspülen würden. Klar inspiriert vom Ablasshandel im Mittelalter!

Selbst der größte Schwindel klingt anfangs noch absolut überzeugend.

Wer ganz faul ist, bestellt sich nur diese Stretch-Unterwäsche, die alles auf eine sportliche Form zusammendrückt. Selbst dafür haben die Marketing-Experten noch Beschreibungen gefunden, die das irgendwie dynamisch klingen lassen. »Stabilisierende Kompressionszonen formen gezielt die Problemzonen«, heißt es lockend in der Werbung. »Dank einer speziellen Technologie wird Ihr Bauch flacher, der Hüftspeck verschwindet, die Brustmuskeln werden geformt, und sogar Ihr Rücken wird gestrafft.« Nichts davon natürlich für immer, sondern nur so lange, wie Nylon und Elastan dagegenhalten. Aber zumindest optisch ist das Problem damit erst einmal halbwegs gelöst.

Kampf gegen die Trägheit

Sehr hilfreich ist es in solch einer Situation, wenn du genauer überlegst, gegen was du eigentlich kämpfst. Ist es dein übervoller Terminkalender, der rücksichtslose Chef oder Partner – oder gar du selbst, dein angeblicher »innerer Schweinehund«? In dir lebt selbstverständlich kein zweites, unabhängiges Wesen, das dich fortlaufend sabotiert. Dieses Bild symbolisiert konkurrierende Ziele, die mindestens so attraktiv wie dein Vorhaben sind. Du willst joggen, aber gleichzeitig bequem daheim auf dem Sofa liegen und fernsehen. Gut essen und immer mal naschen, aber gleichzeitig abnehmen.

Wir haben alle verschiedene Ziele, und manchmal widersprechen sie sich vollständig.

Es ist auf Dauer wenig erfolgversprechend, sich zu etwas zwingen zu wollen und dabei an denen zu messen, die bereits sehr viel mehr Übung haben als du. Dir beispielsweise vorzunehmen, ab sofort jeden Tag eine Stunde laufen zu gehen. Du würdest wahrscheinlich sehr schnell wieder aufgeben.

Ebenso wenig bringt es dir, über dich selbst wütend oder von dir enttäuscht zu sein. Frust führt nicht nur dazu, dass du deine Pläne zu früh wieder aufgibst, sondern verstärkt noch vorhandenes negatives Verhalten. Du stellst beispielsweise fest, dass dir schon nach wenigen Minuten Laufen die Puste ausgeht, gehst niedergeschlagen heim – und isst dann noch eine Tüte Chips oder eine Tafel Schokolade, um dich zu trösten.

Kleine Schritte bringen dich am weitesten

Die erfolgreichere Strategie ist es, wenn du dich anfangs noch gar nicht zu sehr auf das gewünschte Endergebnis – abnehmen, sportlicher werden – konzentrierst. Sondern darauf, dir eine neue Routine anzugewöhnen, die du mit deinen sonstigen Verpflichtungen und mit deiner aktuellen Energie auch wirklich umsetzen kannst. Bescheidene Ziele bringen dich am Anfang am weitesten und verschaffen dir bald erste Erfolgserlebnisse, die dich motivieren. Dein Körper bekommt damit auch genug Zeit, sich an die neuen Belastungen zu gewöhnen und stärker zu werden – Muskeln, Gelenke, Sehnen, Stoffwechsel und Atmung.

Wenn du regelmäßig laufen möchtest, genügen für den Anfang schon dreimal 15 Minuten pro Woche. Zu Beginn sogar abwechselnd je eine Minute Laufen und Gehen, damit du immer wieder zu Atem kommst. Nicht das Tempo entscheidet, auch nicht die Strecke – nur, dass du es überhaupt machst. Danach kannst du Häufigkeit und Distanzen langsam erhöhen, aber behutsam gestreckt über einen Zeitraum von mehreren Wochen.

Du willst lieber in ein Sportstudio? Zweimal pro Woche jeweils eine Stunde (plus Duschen und Umziehen) sind ein guter Start. Lerne ganz in Ruhe die Geräte kennen, indem du einen Trainer oder erfahrenen Freund fragst oder dir entsprechende Video-Anleitungen online ansiehst. Wenn du abnehmen willst: Keine komplizierten Diätpläne! Mehr Gemüse und Eiweiß wie Fleisch, Fisch, Eier und Hülsenfrüchte sowie nur noch eine kleine Nascherei pro Tag sind bereits ein sehr guter Anfang.

Saubere Technik und Regelmäßigkeit zuerst

Wenn du mit Sport beginnst, solltest du dich an folgende Reihenfolge halten: Lerne zuerst die saubere Technik, also das korrekte Ausführen von Übungen und Bewegungen. Das reduziert das Risiko, dass du dich oder andere verletzt und Zwangspausen einlegen musst. Zum Zweiten ist Regelmäßigkeit wichtig: Gehe zum Sport, auch wenn du keine Lust hast oder dir etwas anderes wichtiger scheint. Erst, wenn auch das klappt, kommt der dritte Schritt: deine Leistung steigern, also Gewichte oder Intensitäten erhöhen.

Erlaube dir dein eigenes Tempo

Dass der Perfektionismus weniger Macht über dich hat, erkennst du daran, dass du dich nicht mehr mit unrealistischen Zielen belastest, ständig selbst enttäuschst und frustrierst. Dein neuer Lebensstil soll dir insgesamt leichtfallen und Spaß machen. Wenn nicht, sind deine Ziele für den Anfang zu hoch, und du darfst sie ohne schlechtes Gewissen verändern oder reduzieren.

Dein Körper signalisiert dir, wenn du es mit dem Training übertreibst.

Achte immer auf die Signale deines Körpers, etwa Schmerzen oder ein geschwächtes Immunsystem, zum Beispiel häufige Erkältungen. Sie zeigen dir, dass du mehr trainingsfreie Tage, Ruhezeiten und Schlaf brauchst, um gesund zu bleiben. Es kann dich motivieren, dir als tägliche Erinnerung ein Bild deines Traumkörpers – beispielsweise einen Sportler oder ein Fitness-Model – als Bildschirmhintergrund aufs Handy zu laden oder dir ausgeschnitten oder ausgedruckt aufzuhängen. Aber lass dich nicht von der vermeintlichen Perfektion entmutigen, zumal solche Fotos meist stark retuschiert sind und jeder seinen eigenen Körpertyp hat. Du hast deinen eigenen Weg, genau wie die anderen vor dir ihren finden und gehen mussten. Das braucht Zeit, denke langfristig.

Auf einmal macht es Spaß

Alexej entschied sich nach unseren Gesprächen, dem Sportstudio noch eine Chance zu geben. Er verabredete sich diesmal aber mit einem Kollegen, der dort bereits Mitglied war. Das nahm ihm die Angst und motivierte ihn, dreimal pro Woche mitzugehen. Was er sich nicht sofort merken konnte, sah er sich später noch einmal als Anleitung auf YouTube an. Zudem konnte ihm der Freund die wichtigsten Übungen zeigen. »Drei Wochen später fühlte ich mich schon viel besser, auch geistig präsenter«, erzählte Alexej später. Erleichtert stellte er fest, dass die anderen Studiobesucher ihn überhaupt nicht beachteten, sondern sich um ihr eigenes Training kümmerten und höchstens einmal fragten, ob ein Gerät frei sei. Auf den zweiten Blick war auch nicht jeder in Top-Form, er sah mehrere Anfänger, wie er es war.

Er gewöhnte sich an, mehr zu Hause zu kochen und sich lieber etwas einzupacken und mitzunehmen, wenn er in die Stadt musste. Für die einfachen gesunden Gerichte – etwa Salate mit gebratenem Geflügel – brauchte er kaum eine Viertelstunde, wie er feststellte. Zudem sparte er so, verglichen mit den Preisen für Sandwiches und Snacks unterwegs, eine Menge Geld. Regelmäßig bereitete er mehrere Mahlzeiten gleichzeitig vor, die er dann bei Bedarf nur noch aus dem Kühlschrank holen und aufwärmen musste. Auch hier wurde er experimentierfreudiger und probierte Rezepte aus, die er auf Internetseiten und in Zeitschriften zum Thema Sport und Muskelaufbau gefunden hatte.

Sport ist nicht nur Fitness, sondern auch Ausgleich und Geselligkeit.

Sechs Monate später hatte er sein Idealgewicht zurück, fühlte sich selbstbewusster und besser organisiert auch im Beruf. »Es ist unvorstellbar für mich«, meinte er in unserem letzten Gespräch und musste über sich selbst lachen. »Aber auf einmal macht mir Sport sogar richtig Spaß. Das hätte ich mir im Leben nicht vorstellen können!« Er hatte, da ihn das Gym allein auf Dauer etwas langweilte, inzwischen auch einen Kursabend in einem Martial-Arts-Studio besucht, weil ihn dort die Atmosphäre und der Zusammenhalt ansprachen. »Ich habe noch nichts unterschrieben. Aber das könnte ich mir gut als Ergänzung vorstellen.«

Neues Outfit hat Zeit

Eine der anspruchsvollsten Hochleistungssportarten ist, wie Profis wissen, der Kauf eines modischen Sport-Outfits. Anfänger stürzen sich oft völlig untrainiert hinein und geraten schon beim Blick auf ihr Spiegelbild in Neon-Stretch ins Schwitzen. Nicht selten erschöpft sie die Shopping-Tour so, dass sie nur noch auf dem Sofa ausruhen können und den richtigen Sport lieber lassen. Wer in der ganzen Stadt ein ganz bestimmtes Modell von Kanye-West-Sneakers gesucht hat, ist sowieso am Ende seiner Kräfte. Besser ist es deshalb, anfangs mit dem alten Jogginganzug und den Turnschuhen, die du schon im Schrank hast, anzufangen. Das neue Outfit darfst du dir dann als erste Belohnung gönnen, und es wird dann schon besser sitzen.

Eine kleine Übung: Dein persönlicher Sportplan über zwölf Wochen

Ein realistischer, langfristiger Plan erhöht deine Chance, dass du körperlich aktiver wirst, ohne dich durch Perfektionismus immer wieder zu entmutigen. Schreibe dir dafür einen Plan, was du in den nächsten zwölf Wochen sportlich machen willst. Zum Beispiel: Montag, Mittwoch und Freitag jeweils 15 bis 30 Minuten laufen, und zwar immer abends nach der Arbeit. Setze dir anfangs bescheidene Ziele, die sich nur langsam steigern. Zum Beispiel: In den ersten vier Wochen darfst du immer wieder ein bis zwei Minuten gehen, wenn du außer Atem bist. Am besten, du druckst dir deinen Sportkalender aus und hängst ihn innen an die Wohnungstür. Was du geschafft hast, darfst du abstreichen. Fällt das Training einmal aus, hole es innerhalb eines Tages nach. Schaffst du das nicht, vergiss diese Trainingseinheit und mach normal in deinem Plan weiter, ohne dich zu ärgern. Durchhalten entscheidet hier für den Anfang, nicht perfekte Umsetzung!

Für mich nur noch ein Leben, das total sinnvoll ist

Birgit will ihr Leben sinnvolleren Dingen widmen und einen echten Beitrag für die Gesellschaft leisten. Aber sie stellt fest, dass das im Alltag gar nicht so einfach ist. Deine Lektion: Kompromisse sind keine Kapitulationen.

An manchen Schultagen, an denen Birgit vor ihrer Klasse stand, schienen ihr alle ihre Bemühungen vergebens und ihre Zeit völlig verschwendet. Da wollte sie diesen jungen Leuten nicht nur den Unterrichtsstoff beibringen, sondern auch noch etwas über den Sinn des Lebens. Dass es nicht nur darum ging, die Prüfungen zu überstehen und nach dem Gymnasium eine Ausbildung oder einen Studienplatz zu finden. Sondern auch darum, seinen Platz in der Gesellschaft zu finden. Doch ihre Schüler schienen sich vor allem dafür zu interessieren, was es aktuell bei Primark gab, wohin sie in den nächsten Ferien fahren würden und mit welchem Snapchat-Filter man seinem Foto die niedlichsten Katzenohren und Hundeschnäuzchen aufsetzen konnte.

Es kann ernüchternd sein, wie banal die Probleme des Alltags manchmal sind.

Sie selbst hatte in den letzten Sommerferien in einem Freiwilligenprojekt in Südostasien mitgearbeitet und geholfen, einfache Fertighäuser für die ärmere Bevölkerung aufzubauen. Es war harte Arbeit gewesen, wie Birgit sie seit vielen Jahren nicht mehr geleistet hatte, zumal in einer solchen feuchtwarmen Hitze. Aber sie war innerlich befriedigt und entschlossen nach Hause zurückgekehrt und hatte sich lange nicht mehr so gut gefühlt. Ab sofort würde sie ihr Leben sinnvolleren Aufgaben widmen, keine Zeit mehr mit »halben Sachen« verschwenden. Zunehmend beschlich sie dabei der Verdacht, dass ihre tägliche Arbeit in die letztere Kategorie fiel. Vergeudete sie ihre Tage oder erwartete sie zu viel?

In der Lebensmitte stellen sich viele Grundsatzfragen

Birgit arbeitete seit mehr als 25 Jahren als Deutsch- und Geschichtslehrerin an einem beruflichen Gymnasium. Sie hatte ein Coaching gebucht, weil sie überlegte, ihre Stelle zu kündigen und ganz im gemeinnützigen Bereich zu arbeiten. Zwar hatte sie einige Ideen von früheren Ehrenämtern; »aber ich kann mir nicht leisten, auf mein Einkommen zu verzichten«, sagte sie. »Ich lebe allein und habe noch zehn Jahre bis zur Pensionierung.« Außerdem, so gab sie zu, habe sie sich an einen gewissen Lebensstandard gewöhnt. »Viele denken sicher, ich habe eine Wohlstandsneurose«, gab sie zu. »Ich kann mir manche Kommentare denken, deshalb frage ich Freunde dazu gar nicht.«

Auch wenn es dir materiell gut geht, darfst du eine innere Krise haben.

Die Suche nach mehr Sinn ist ein häufiges Thema in der Lebensmitte, also zwischen Ende 30 und Anfang 50. Wer beruflich und persönlich schon einiges erreicht hat, denkt irgendwann darüber nach, wofür er sich weiterhin jeden Tag anstrengen soll. So erfüllend der Beruf auch sein mag, so schön das Privatleben ist – war das wirklich alles? Nicht wenige sehnen sich nach »etwas, das bleibt«, das seine Bedeutung über den flüchtigen Alltag hinaus behält. Als Coach begleite ich diese Klienten dabei, ihre tieferen Überzeugungen zu erkunden und eine persönliche Lebensphilosophie zu formulieren, ganz offen und unabhängig von meiner persönlichen Weltsicht.

Gelegentlich Gutes zu wenig

»Eigentlich dürfte ich mich gar nicht beklagen«, meinte Birgit. »Meine Arbeit ist an sich schon sinnvoll. Ich begleite junge Leute auf dem Weg ins Erwachsenenleben. Das ist doch etwas, oder? Ich spüre in vielen Momenten wirklich Dankbarkeit. Unsere Schule ist auch in einem guten Stadtteil, wurde gerade wieder modernisiert. Wenn ich aus dem Klassenfenster sehe, schaue ich auf einen wunderschönen See. Die Eltern sind vernünftig, sie haben ihre Kinder gut erzogen. Ich habe kaum Probleme mit ihnen. Mein Gehalt stimmt, ich darf mich weiterbilden.«

Was fehlte ihr dann? »Es wiederholt sich alles. Mit jeder Klassenstufe fange ich von vorn an. Derselbe Unterrichtsstoff, die gleichen Gespräche. Kürzlich sprach mich ein ehemaliger Schüler auf der Straße an, und ich konnte mich partout nicht mehr erinnern, wer das war. Ich habe das zwar überspielt. Aber das zeigte mir, dass ich nicht mehr mit dem ganzen Herzen dabei bin.«

Viele Jahre vor ihrem Einsatz in Asien hatte sie schon einmal eine »Freiwilligenreise« nach Südamerika unternommen: »Wir wohnten in einem 4-Sterne-Hotel, wurden tagsüber in ein Armenviertel gefahren und einmal in ein Dorf zu Ureinwohnern. Das passte für mich nicht. Wir haben mit den Helfern vor Ort gesprochen und ein bisschen geholfen. Beim Kochen mitarbeiten, Geschirr spülen, solche Sachen. Dafür muss keiner um die halbe Welt fliegen und so viel Geld bezahlen«, meinte sie selbstkritisch. »Das ist Tourismus fürs eigene gute Gewissen.« Der handfeste Einsatz beim Hausbauprojekt in Asien hatte sich für sie dagegen ehrlich angefühlt und bei ihr den Eindruck hinterlassen, dass sie tatsächlich etwas bewegt und für andere verbessert hatte.

Anderen zu helfen ist häufig erfüllend und manchmal enttäuschend zugleich.

»Grundsätzlich bin ich gern für andere da, weil ich selbst keine Familie habe«, meinte Birgit. »Ich habe Ressourcen, die ich teilen kann.« Während der Flüchtlingskrise hatte sie einen jungen Mann in ihrem Gästezimmer aufgenommen, für ihn gekocht und mit ihm Deutsch geübt: »Das war nett. Aber manchmal kam ich mir auch ausgenutzt vor, weil er mich ständig nach Geld für Zigaretten und sein Handy fragte. Da war ich am Ende ganz froh, als bei der Stadt ein Wohnheimplatz für ihn frei wurde.« Für ein SOS-Kinderdorf hatte sie noch eine Patenschaft als monatlichen Dauerauftrag laufen: »Ein tolles Projekt, aber mir fehlt der direkte Kontakt. Ich möchte nicht nur die vermögende ältere Dame aus dem Ausland sein, die Geld schickt.«

Es ist völlig normal und nicht egoistisch, wenn du auch an deine Existenzgrundlage denkst.

Aus all dem entstand ihre Idee, sich hauptberuflich neu zu orientieren, um sich nicht immer nur in ihrer Freizeit für eine gute Sache einsetzen zu können. »Eine Freundin von mir hat sich zur Hospizhelferin umschulen lassen«, berichtete Birgit in einem unserer Gespräche. »Sie arbeitet jetzt in einem Heim, in dem sie kranke Kinder begleitet. Wenn man so etwas hört, sieht man die eigenen Sorgen aus einer anderen ganz Perspektive. So etwas könnte ich mir auch vorstellen, obwohl das sicher keine leichte Aufgabe ist.«

Aber sie zögerte, ihre langjährige Stelle am Gymnasium aufzugeben: »Was, wenn es dann doch nicht das Richtige ist? Wenn ich erst einmal raus bin, könnte es schwer werden oder unmöglich sein, wieder reinzukommen. Vielleicht habe ich ja schon die richtige Kombination – weiter als Lehrerin arbeiten und mich in meiner Freizeit engagieren. Ich muss ja von etwas leben.«

Daneben ließ sie zweifeln, dass ihre früheren Versuche allesamt recht unbefriedigend ausgefallen waren. Sie befürchtete, dass könne sich ähnlich wiederholten, dann aber mit schwerwiegenderen Folgen, dass sie beispielsweise nur noch stundenweise Beschäftigung als Aushilfslehrerin fände oder ganz arbeitslos würde. »Manchmal wünschte ich mir, ich wäre ein gläubiger Mensch, wie es meine Großmutter war«, meinte sie. »Sie hatte ihre Kirche, ihre Traditionen. Was auch geschah, sie schien zufrieden. Da bin ich anders. Für sie hatte alles einen Sinn, sie machte sich gar nicht viele Gedanken. Mir ist das nicht gegeben, leider.« Sie fragte sich gleichwohl selbst, warum sie nicht einfach ihr Leben führen und sich nur um sich kümmern konnte.

Unerwartete Helfer für deine Entwicklung

Ein Unwohlsein mit deiner aktuellen beruflichen oder privaten Situation, aber auch mit bestimmten Menschen, ist nicht nur ein Ärgernis, das du möglichst schnell beseitigen solltest. Es gibt dir gleichzeitig immer auch wertvolle Hinweise auf etwas, das du in dir erkunden könntest. Was genau regt dich auf und warum, was stört oder ärgert dich, was stößt dich ab? Mit derartigen Reflexionen gibst du solchen Situationen einen Sinn für deine persönliche Entwicklung, auch wenn du dich später eventuell von bestimmten Menschen trennst oder Abstand hältst. Sie helfen dir, dich und deine Werte besser zu erkennen und zu verstehen. Sie werden unerwartet zu deinen Helfern.

Nicht jeder will gleich Zen-Mönch werden

Ich wohnte einige Jahre in einer Stadt, in der es ein elegantes Villenviertel gab, in dem viele Unternehmer und Prominente wohnten. Manchmal spazierte ich abends durch die Straßen und genoss den Blick auf die beeindruckenden Anwesen. Bald fiel mir auf, dass vor immer mehr Einfahrten kleine Klapptische mit Honiggläsern und einer Kasse auftauchten. »Selbst produziert, gern mitnehmen«, stand dabei, oft auch: »Bezahlung freiwillig.« Ich dachte: »Ah, wieder ein Manager, der sich nicht traut, Zen-Mönch zu werden, und nun als Hobby-Imker wenigstens die

Bienen retten will.« Später wurden alle Hühnerzüchter – täglich frische Eier und Instagram-Motive. Honig gab's wieder aus dem Supermarkt um die Ecke, Pech für die Villen-Bienen.

Die Realität ist häufig nicht so idyllisch, wie man es sich ausgemalt hat.

Mir persönlich, der als Kind in einem abgelegenen Dorf mit etwa 1900 Einwohnern aufgewachsen ist, erschien diese Form der Sinnsuche immer eher amüsant. Es ist nicht so romantisch wie in der *Landlust*, wenn man wirklich jeden Tag zum Sonnenaufgang aufstehen, Ställe ausmisten und alle Tiere füttern muss, ehe es zum Bauernmarkt und dann wieder aufs Feld geht. Die älteren Frauen schafften es dazwischen auch noch täglich zweimal zur Messe in die Dorfkirche. Eine Meditations-App aus Kalifornien, um abends »endlich runterzukommen«, brauchte da sicher niemand.

Nirgendwo perfekte Menschen

Birgit hatte, wie wir in unserem Coaching erkannten, einen nachvollziehbaren und ganz normalen Wunsch. Sie wollte, nachdem sie ihre Arbeit als nicht mehr so erfüllend wie einst empfand, einer neuen sinnvollen Tätigkeit nachgehen. Allerdings hatte sie schon bei ihren ehrenamtlichen Aktivitäten enttäuscht feststellen müssen, wie unvollkommen auch dort alles war. Selbst bei besten Absichten hatte sie es immer mit Menschen und Projekten zu tun, die ganz und gar nicht perfekt waren. Das empfand sie als einen Makel, der für sie das ganze Vorhaben infrage stellte. Wahrscheinlich befürchtete sie ganz zu Recht, dass es bei einem hauptamtlichen Engagement ebenso werden würde. Zudem waren da praktische Hürden: Sie musste weiterhin Geld verdienen, wünschte sich materielle Sicherheit und Komfort.

Es diesmal endlich richtig machen

Erkennbar war Birgit ehrlich bemüht, es diesmal richtig zu machen. Nicht mehr die halbherzigen, mutlosen Aktionen, als die sie ihre bisherigen Versuche empfand: hier einmal im Urlaub mithelfen, da per Abbuchung spenden. Sie wollte sich nicht länger von praktischen Erwägungen einschränken lassen wie in ihrem bisherigen Leben. Du hast wahrscheinlich in manchen Situationen schon ähnlich gedacht: Genug Kompromisse gemacht, es reicht! Doch die nächste Überlegung ist meist: Die Kompromisse hatten einen Grund, und dieser ist noch. Bei Birgit war es das Einkommen, auf das sie nicht verzichten konnte, aber auch die angenehme Berechenbarkeit ihres gewohnten Lebens.

Motiviert wurde sie von dem Eindruck, dass es ihr besser ging als vielen anderen in ihrem Umfeld, von Menschen in ärmeren Weltregionen ganz zu schweigen. Sie verdiente gut und lebte allein, hatte also genug Mittel und Zeit. Sie konnte anderen abgeben und helfen, wollte das auch. Neben der Dankbarkeit für ihre eigene Situation empfand sie sicher auch ein wenig ein schlechtes Gewissen, obwohl die beobachteten Ungerechtigkeiten überhaupt nicht ihre Schuld waren. Traf sie Menschen in Not, etwa in Südamerika oder zu Hause den jungen Flüchtling, wurde ihr Idealismus jedoch oft enttäuscht. Diese waren nicht ausschließlich nur dankbar und um das Gute bemüht, sondern dachten manchmal auch ganz egoistisch wie alle anderen.

Die »innere Mitte« ist bei manchen schnell erschüttert

Es kann kompliziert werden, wenn sich ein Familienmitglied oder Freund plötzlich erleuchtet fühlt, du aber nicht. Du bist Single und suchst einen Partner? »Du musst es dir beim Universum wünschen!« Probleme im Job? »Es kann an deinem Karma liegen.« Du hast eine andere Meinung? »Du bist wahrscheinlich noch nicht so weit.« Sprichst du weiter dagegen, zieht sich der andere bald ganz zurück: »Diese negative Energie kann ich in meinem Leben nicht gebrauchen, sorry!« Und du denkst: »So stabil scheint die ›innere Mitte‹ doch nicht zu sein, wenn schon ein paar Gegenfragen sie derart erschüttern.« Aber inhaltliches Diskutieren scheitert bekanntlich bei Glaubensfragen.

Überzeugungen kannst du niemandem ausreden. Spar dir also besser gleich die Mühe.

Bei anderen spielen sich solche Diskussionen eher auf einer praktischen Ebene ab. Sie besteht bei Starbucks darauf, dass der Kaffee to go nicht mehr nur bio, sondern auch fair gehandelt und nachhaltig sein soll: »Damit wird ein Frauenprojekt in Afrika gefördert.« Er skeptisch: »Das kommt doch sowieso alles vom selben Großhändler.« Sie bestellt mit strafendem Blick einen Schuss Hafermilch dazu: »Sojamilch geht gar nicht mehr! Wegen den Brandrodungen in Brasilien, außerdem kann das Allergien auslösen.« Er genervt: »Warum nicht einfach nur Wasser?« Sie scharf: »Zumindest käme es dann aus regionaler Produktion.«

Auch hier ist keiner perfekt

Die meisten Menschen sind, wenn sie sich das erste Mal sozial, spirituell oder auch religiös engagieren, enttäuscht und auch ein bisschen ernüchtert in ihrem Enthusiasmus. Wo auch immer sie hinkommen, sei es in einen gemeinnützigen Verein, in eine Hilfsorganisation oder in eine Kirchengemeinde, treffen sie auf ganz normale andere Menschen, die gute und schwierige Seiten haben wie sie selbst! Die praktische Umsetzung stellt sich ebenfalls meist als ziemlich unvollkommen heraus. Wer angenommen hatte, dass das gute Anliegen die Beteiligten irgendwie geläutert hätte, muss auch feststellen: bestenfalls auf den ersten Blick. Die Helfer sind nicht viel besser als diejenigen, denen geholfen werden soll. Keiner perfekt also, nicht einmal hier.

Es hilft nicht, sich darüber zu empören, zu resignieren oder zynisch zu werden. »Alle Menschen sind schlecht«, sollte nur deine Schlussfolgerung sein, wenn du selbst ein enttäuschter kleiner Welpe bist. Auch bringt es wenig, ständig zu wechseln:

neue Weltsichten, Lebensphilosophien, inspirierende Persönlichkeiten und Organisationen – immer in der Hoffnung, dass es damit aber besser werden müsse. Wie bei allen anderen Lebensfragen sollte man sich anfangs umschauen, was passen könnte. Bei Bedarf auch einige Male wechseln. Aber irgendwann mit den verfügbaren Realitäten klarkommen lernen. Nicht perfekt, aber gut genug, um zumindest für einige Zeit damit zu arbeiten.

Die Gelegenheit, mehr über dich und andere zu lernen

Die bessere Strategie ist es, selbst die unvollkommenste Möglichkeit in deinem Alltag als Gelegenheit zu sehen, dein Leben sinnvoller zu gestalten und dabei zu wachsen. Du kannst ans andere Ende der Welt reisen, dich den schwierigsten Problemen unserer Zeit widmen, wenn dir das ein Bedürfnis ist. Du musst das aber überhaupt nicht. Direkt in deinem Umfeld findest du bereits alles Nötige vor. Niemand muss sich dabei aufopfern oder gar dafür ruinieren, im Gegenteil. Wenn du, wie Birgit, zwischen zwei Welten stehst, kannst du oft am meisten tun und an andere weitergeben. Erst die Routine, die Erfahrungen und das Einkommen ihres Hauptberufes ermöglichen es Birgit, anderen beizustehen. Sie geben ihr Stärke, um für andere stark zu sein.

Wenn dir Mängel bei anderen auffallen, muss das gar kein Nachteil sein.

Jede Suche nach dem persönlichen Lebenssinn ist eine Suche nach dem eigenen Platz im großen Ganzen. Wofür du dich auch entscheidest, du hast es dabei immer mit anderen suchenden Menschen zu tun. Du wirst wahrscheinlich sogar feststellen: Sie sind dir recht ähnlich, wenn du sie erst einmal näher kennengelernt hast. Da ist der Nachbarschaftsverein nicht anders als die NGO, die Ortsgruppe einer Partei nicht anders als die Kirche. Sehr schnell werden dir bei allen Beteiligten viele Mängel auffallen. Was stört dich genau – und warum? Was sagt dir das über dich selbst, und was kannst du von den anderen lernen?

Entschließe dich, für eine gewisse Zeit (zum Beispiel drei Monate) dabei zu bleiben, zu beobachten und zu lernen. Es ist nämlich perfekt für deine Entwicklung, wenn es nicht perfekt ist. Nur so wirst du herausgefordert und ermutigt, über dich selbst nachzudenken. Danach kannst du selbstverständlich wechseln. Es ist erlaubt und keine Schande, sich regelmäßig woanders gemeinnützig zu engagieren, wenn sich deine Interessen, Ansichten oder persönlichen Umstände verändert haben sollten.

Ihr könnt einander immer etwas geben

Dass sich deine Sichtweise ändert, merkst du daran, dass du entspannter und neugieriger an andere herantrittst. Du erwartest grundsätzlich keine Perfektion mehr von anderen, sondern gehst davon aus, dass du Menschen treffen wirst, die unvollkommen sind, ihre Stärken und Schwächen haben – genauso wie du. Ihr mögt äußerlich verschieden sein. Gleichzeitig verbindet euch etwas: Ihr wollt euch verbessern, könnt einander etwas geben, voneinander lernen. Eine gewisse Strecke im Leben werdet ihr gemeinsam zurücklegen, und das ist für euch beide sinnvoll.

Sich für andere einzusetzen, ist sicherlich eine schöne, bereichernde und lohnenswerte Erfahrung. Oft aber gleichzeitig auch frustrierend, ärgerlich oder enttäuschend. Profitieren kannst du dabei in jedem Fall. Einerseits lernst du, Dank und Anerkennung von anderen anzunehmen. Andererseits, dich in Geduld, Nachsicht und Empathie zu üben – und bei Bedarf wiederum mutiger, selbstbewusster und konsequenter aufzutreten.

Helfen und mehr zurückbekommen

»Wenn ich das so sehe, muss ich überhaupt nicht kündigen«, meinte Birgit nach unseren Gesprächen. »Höchstens ein wenig die Arbeitszeit reduzieren, wenn die Zeit zu knapp wird. Aber das kann ich später immer noch entscheiden, wenn das überhaupt notwendig wird.« Auf der Internetseite ihrer Stadtverwaltung fand sie ein Gesuch nach jemandem, der bereit war, ältere Menschen mit Migrationshintergrund zu begleiten. Sie meldete ihr Interesse an und wurde nach einer mehrtägigen Schulung an eine ältere Dame vermittelt, die erst seit Kurzem im Land lebte.

Am meisten lernst du oft von jemandem, der scheinbar ganz anders ist als du.

Anfangs traf Birgit sie einmal pro Woche abends, half ihr beim Deutschlernen, schrieb mit ihr Behördenbriefe und erklärte ihr die Regeln und Gebräuche der neuen Heimat. Später trafen sie sich gelegentlich auch am Wochenende zu Spaziergängen. Sie probierten gemeinsam ihre jeweiligen Lieblingsrezepte, übten den Umgang mit Skype, um damit leichter mit ihren jeweiligen Verwandten in der Ferne sprechen zu können, zeigten sich gegenseitig ihre Fotoalben und erzählten sich von ihren bisherigen Leben.

Die waren völlig unterschiedlich verlaufen, hatten sie aber erstaunlicherweise zusammengeführt. »Ich lerne viel Neues über eine Welt, die ich bisher höchstens aus den Nachrichten kannte, aber auch über mich selbst«, meinte Birgit einige Monate später. Sie war dankbar für diese Erfahrung: »Ich gebe etwas, das mich natürlich Zeit und ein bisschen Kraft kostet. Aber es fühlt sich für mich an, als ob ich noch viel mehr zurückbekomme.«

Menschen mögen lernen

Kein Mensch ist perfekt, und diese Einsicht ist für Perfektionisten oft eine herbe Enttäuschung. Bei manchem geht sie so weit, dass er dann am liebsten mit gar niemandem mehr etwas zu tun haben möchte. »Seit ich die Menschen kenne, liebe ich die Tiere«, ist ein berühmter Ausspruch des Philosophen Arthur Schopenhauer, der auch auf Facebook immer wieder gern einmal geteilt wird. Eine Freundin von mir hatte eine Katze, die jeden Besucher ohne Vorwarnung anfiel, sich ins Bein verkrallte und zubiss, wenn man sich von ihr befreien wollte. Hatte er auch solche Tiere gemeint? Schopenhauer war ein pedantischer Einzelgänger mit zwanghaften Zügen, der Frauen und Männer gleichermaßen verachtete und nie heiratete. Kein Wunder, dass er sich nur von seinem Pudel verstanden fühlte. Dabei sollte man Menschenfeindlichkeit nie pflegen, wenn man selbst ein Mensch ist. Auch die weniger perfekten Exemplare kann man mögen lernen und eventuell entdecken, dass sie sogar liebenswert sind.

Eine kleine Übung: Eine Stunde mit ehrenamtlichen Helfern

Bei deiner Suche nach dem persönlichen Lebenssinn befreien dich, wie du gesehen hast, gut gewählte Kompromisse vom Perfektionismus. Sie führen dich zu besseren, weil überhaupt erst umsetzbaren Ergebnissen in der realen Welt, in der du immer auf unvollkommene Menschen treffen wirst. Eine kleine Übung kann dir dabei helfen. Überlege dir ein Thema aus dem sozialen oder ehrenamtlichen Bereich, das dir persönlich ein Anliegen ist, zum Beispiel Kinder- oder Flüchtlingshilfe, die Begleitung von Senioren oder der Tierschutz. Verbringe eine Stunde mit ehrenamtlichen Helfern aus diesem Bereich, etwa bei einem Tag der offenen Tür, und achte darauf, was diese »ganz normalen« Leute dort leisten. Lass dir von ihren Herausforderungen erzählen, wie sie damit umgehen und lass das auf dich wirken. Entscheide danach, ob du wiederkommen möchtest. Nicht aus Mitleid oder empfundener Verpflichtung, sondern nur, weil du es wirklich möchtest.

Wieso reicht mein Gehalt nie für den vollen Monat?

Regine ist Abteilungsleiterin und verdient gut, hat aber fast keine Ersparnisse und rutscht oft in den Dispo. Haushaltspläne und Sparprogramme gab sie immer auf, weil sich so wenig tat. Deine Lektion: Kleinere Ziele bringen dich weiter.

Schon seit Längerem war Regine selbst aufgefallen, dass sie bestimmten Themen, die sie persönlich sehr interessieren müssten, konsequent auswich. War in ihrer Tageszeitung von Altersvorsorge oder Geldanlage die Rede, blätterte sie schnell weiter. Den Finanztipp in dem Magazin, das sie abonniert hatte, überschlug sie ebenso, wie sie bei Fernsehbeiträgen zu Geldthemen meistens direkt umschaltete. Sie wollte nicht daran erinnert werden, dass sie etwas seit Jahren vernachlässigte, das ihr wichtig sein sollte und dazu leichtfallen müsste: ihre persönlichen Finanzen. Jede Empfehlung kam ihr wie ein neuer Vorwurf vor, der ihr schlechtes Gewissen verstärkte. Es stimmte, sie hatte, wenig perfekt, eher in Reisen, Kleidung und »Coffee to go« investiert.

Ein schlechtes Gewissen sabotiert dich oft mehr, als es dir hilft.

»Für mich ist das kein verlorenes Geld«, meint sie. »Ich lebe gern schön und angenehm, will nach der Arbeit auch etwas erleben und genießen.« Aber mit einer Dividende aus Spaß und Lebensfreude würde sie keine Rechnungen bezahlen können, wenn sie einmal unversehens in eine Notlage geriete. Ihre Rente lag zwar jetzt noch in weiter Ferne, mindestens 20 Jahre würde sie noch arbeiten müssen, aber nicht mehr unvorstellbar fern.

Wenn man den absichtlich beängstigenden Modellrechnungen der Anlageberater glauben wollte, hätte sie für die perfekte Vorsorge schon direkt nach der Schule beginnen müssen. Lohnte sich das Sparen in der Mitte ihres Lebens nun überhaupt noch?

Ordentlich verdient, aber auch immer viel ausgegeben

Regine wollte sich beraten lassen, weil sie den Eindruck hatte, dass sie zu wenig verdiente. Sie arbeitete seit zehn Jahren im gleichen IT-Unternehmen, einem erfolgreichen Mittelständler, und war inzwischen zur Vertriebsleiterin aufgestiegen. »Ehrlich gesagt, habe ich gar keinen Vergleich, was man heute so draußen im freien Markt verdient«, gab sie in unserem Gespräch offen zu. »Dafür habe ich mich zu lange nicht mehr beworben. Man sieht zwar manchmal diese Gehaltslisten in der Zeitung. Aber kann man glauben, was da aufgeführt wird?« Sie nannte ihr derzeitiges Gehalt. Nach meiner Einschätzung war es recht gut und angemessen. Wieso wünschte sie sich mehr? »Es ist irgendwie immer knapp. Ich komme nie dazu, für später zu sparen oder etwas anzulegen, obwohl ich gar nicht besonders aufwendig lebe.« So nahm sie sich vor, sich das endlich näher anzusehen.

Geldsorgen haben meistens nur wenig mit dem Einkommen zu tun.

Mit jedem neuen Klienten spreche ich zu Beginn ausführlich über seine Lebenssituation. Die persönlichen Finanzen gehören dazu. Sie können ganz unterschiedlich aussehen. Manche haben viel sparen können, andere wenig, oder sie sind sogar sechsstellig verschuldet. Das hat nie nur etwas mit dem Einkommen zu tun, sondern auch sehr viel mit der Lebensweise und der persönlichen Situation. Verdient der Partner gut oder ist er arbeitslos, hat jemand geerbt, ging eine Selbstständigkeit völlig schief? Als Coach beurteile ich nichts davon. Entscheidend ist für mich ausschließlich, was mein Klient sich wünscht und zukünftig erreichen will.

Alles selbst erarbeitet

»Alles, was ich mir heute leisten kann, habe ich mir selbst erarbeitet«, erzählte Regine und klang ehrlich stolz. »Ich habe Bürokauffrau gelernt, das Abitur und mein Studium erst später berufsbegleitend nachgeholt. Meine Eltern haben beide in der Fabrik gearbeitet. Ich bin die erste bei uns in der Familie, die studiert hat. Wenn ich mir heute ein Designer-Kleid oder eine gute Handtasche leisten kann, bedeutet mir das wirklich etwas.« Sie zeigte eine zierliche Schweizer Uhr an ihrem Handgelenk: »Von meiner ersten Prämie gekauft. Sie erinnert mich jeden Tag daran, wie weit ich gekommen bin und dass das nicht selbstverständlich ist.« Sie hatte, wie wir früh feststellten, für ihre aktuelle Stelle einen guten Vertrag ausgehandelt und lebte allein.

Es kann sehr enttäuschend sein, im Rückblick etwas verpasst zu haben.

»Was mich frustriert, ist, dass ich nie zum Sparen komme«, sagte sie. »Eigentlich müsste ich nach bald 15 Jahren im Beruf gut dastehen. ›Rücklagen gebildet haben‹, wie es so schön heißt. Aber wenn ich ehrlich bin, gebe ich komplett aus, was ich verdiene. Mal bin ich ganz ordentlich im Plus. Dann wieder monatelang im Dispo.« Nachvollziehbare Gründe dafür hatte es immer gegeben. Die Wohnungseinrichtung, Weiterbildungen, Reisen, Ausflüge, Einkäufe, Geschenke für die Familie.

In ihren bisherigen Beziehungen hatte sie durchweg mehr verdient als ihre Partner, einmal auch als Einzige. »Als Frau wünscht man sich das, bei aller Emanzipation, nicht unbedingt«, gab sie zu. »Aber mein damaliger Freund war ewig arbeitslos und wenn er doch mal einen Job hatte, verkrachte er sich garantiert noch in der Probezeit gleich wieder mit seinem Chef. So habe ich unser Leben praktisch allein finanziert und auch noch seine Schulden bezahlt. Schön blöd, denke ich heute.«

Im Grunde bedeutete ihr Geld gar nicht viel. »Meine Eltern haben immer sehr sparsam und bescheiden gelebt. So haben sie mich auch erzogen«, sagte Regine. »Bücher, Musik und Filme habe ich mir fast immer in der Bibliothek ausgeliehen. Um mir Kunst anzuschauen, bin ich in Galerien gegangen. Da war der Eintritt frei. Im Sportverein war der Beitrag bestenfalls symbolisch. Ich brauchte nie etwas.« Das änderte sich, als sie einige Jahre gearbeitet hatte. Sie verdiente mehr, gab aber auch mehr aus. »Ich komme immer noch klar, bezahle alle meine Rechnungen. Aber ich spare nichts, bin manchmal sogar im Minus.«

Mehrfach hatte sie Haushaltspläne für sich aufgestellt, um ihre Ausgaben besser unter Kontrolle zu bekommen und sich zu mehr Sparsamkeit zu erziehen. Zuerst schrieb sie alles in ein Heft, später nutzte sie eine spezielle App dafür. »Aber da habe ich recht schnell die Geduld verloren. Wer will denn jedes Brot aus dem Supermarkt eintragen und jeden Kaffee unterwegs protokollieren?« So hörte sie nach wenigen Tagen wieder auf damit.

Du kannst dich nur begrenzt selbst austricksen, wenn die Motivation fehlt.

Ähnlich war es mit den verschiedenen Sparplänen und Versicherungsverträgen, die sie im Laufe der Zeit abgeschlossen hatte. »Ich dachte, so kann ich mich selbst austricksen. Wenn das Geld automatisch vom Konto weg geht, gebe ich es nicht aus«, erinnerte sich Regine. »Aber es hat mich echt frustriert, dass sich da so wenig tat. Selbst bei den Jahresabrechnungen waren das oft nur minimale Veränderungen oder es ging sogar etwas zurück, wenn die Zinsen oder Kurse gesunken waren. Also habe ich das irgendwann immer wieder aufgelöst, wenn ich zum Beispiel Geld für eine größere Reparaturrechnung brauchte, und dadurch auch noch sinnlos Bank- und Strafgebühren verloren.« Jedes Mal zurück auf Start.

So weit wie möglich verdrängte sie das unangenehme Thema. Das war nicht immer einfach. So interessierte sich ihr Vater seit seiner Pensionierung sehr für Aktien, Fonds und Bitcoin-

Geschäfte, las Bücher und Artikel darüber und hörte sich Vorträge im Internet an. »Wie legst du dein Geld an?«, fragte er seine Tochter deshalb bei fast jedem Wiedersehen. »Sparst du mit Indexfonds, was denkst du über Bitcoin-Geschäfte?« Sie antwortete darauf immer ausweichend, um ihm nicht eingestehen zu müssen, dass sie nichts davon tat. Aber es belastete sie zunehmend: »Ich bräuchte finanziell einen richtigen Neuanfang, nicht jahrelange Mini-Schritte. So hole ich das jetzt doch nie mehr auf!«

Angebote sind der sicherste Weg, zu viel auszugeben

Wie man besser nicht spart, hat Loriot in *Pappa ante portas* vorgeführt. Die Verkäuferin im Lebensmittelgeschäft reicht ihm ein gewünschtes Glas Senf: »1,29!« Er will wissen: »Wird das günstiger, wenn ich gleich mehrere nehme?« Sie überschlägt kurz: »Bei zehn Gläsern sparen Sie!« Dann sind es nämlich nur 1,23. Loriot tut das einzig Logische und kauft 150 Gläser Senf, dazu Wurzelbürsten und noch eine Tonne Badezusatz. Wer nur ausreichend viele Sonderangebote kombiniert, gibt auf jeden Fall mehr aus, als er je vorgehabt hatte. Sparen durch Shopping funktioniert am besten für die Verkäufer, nur deshalb bieten sie es an.

Sparen durch Geldausgeben ist eine schöne, aber meistens unerfüllbare Fantasie.

Die Kaffeehaus-Ketten haben das perfektioniert. Sie verkaufen nur Maschinenkaffee in Plastik- oder Pappbechern, aber zu Preisen wie in einer gehobenen Hotelbar. Auf jeden Fall muss – klein, mittel oder groß – in englisch-italienischen Fantasiebegriffen bestellt werden, über die man in den jeweiligen Ländern laut lachen würde. Mit der Rabattkarte wird allerdings jeder sechste Kaffee um einen Espresso-Schuss ergänzt oder kostenlos nachgefüllt. Er kann auch gratis sein, wenn man gerade Geburtstag hat oder ein Paket

Bohnenkaffee mitnimmt. Wer als Kunde erst derart professionell von der Marketing-Abteilung verwirrt wurde, denkt über die happigen Preise bald gar nicht mehr nach. Dabei kommt Haben auch hier immer noch von Halten!

Mühsamer als gedacht

Regine genoss es, dass sie sich ein Leben leisten konnte, das ihren Eltern und vielen ihrer früheren Mitschüler nicht möglich war. Sie war stolz darauf. Ihr Erfolg bestätigte und belohnte ihre Bemühungen. Ihre Dankbarkeit zeigte sie durch Großzügigkeit anderen gegenüber, etwa durch ihre finanzielle Unterstützung und Geschenke für Partner und Familie. Gleichzeitig fühlte sie sich verpflichtet, für ihre Zukunft vorzusorgen, klassisch durch Sparen, Geldanlage und Versicherungen. Wie wir im Coaching bald herausfanden, scheiterte sie hier an ihrem Perfektionismus. Sie war davon ausgegangen, dass das schnell und mühelos – »wie nebenbei« – geschehen müsse. Doch die persönlichen Finanzen sind meist eine langwierige, zähe Angelegenheit, verbunden mit vielen Rückschritten und spät sichtbaren Erfolgen. Regine gab deshalb immer wieder frustriert auf, ging zurück auf Start.

Nie perfekt vorausplanbar

Jeder von uns betrachtet die Meldungen aus der Politik und Finanzwelt mit gemischten Gefühlen. Der Kollaps von etwas – Börsen, Rentenkassen, großen Banken und Versicherungen – steht angeblich immer kurz bevor. Wir sollen, um das abzuwenden, exakt hier investieren. Ist das klug, wie wird es in einigen Jahrzehnten aussehen? Am Ende kann es keiner sagen. Die Älteren haben schon finanzielle Erfolge erlebt, wenn etwa eine Versicherung ausgezahlt wurde oder sich ein früherer Aktien- oder Fondsanteile-Kauf als profitabel herausstellte. Aber auch das Gegenteil, dass sicher geglaubte Ansprüche durch politische oder steuerliche Veränderungen über Nacht verschwanden. Die Erfahrung zeigt: Das Verkaufsversprechen der Anlageberater, dass man über Jahrzehnte zielsicher vorausplanen könne, ist unrealistisch. Bestenfalls lassen sich Chancen erhöhen und Risiken senken.

Die Angst vor einer möglichen Notlage ist langfristig oft zu wenig, um zu motivieren.

Regine will selbstverständlich später nicht in eine finanzielle Notlage geraten. Aber sie hat sich bisher, wie es scheint, vor allem aus Schuldbewusstsein mit dem Thema auseinandergesetzt – getrieben von den pausenlosen Warnungen der Experten, aber auch wegen der gut gemeinten Nachfragen ihres Vaters. Sie behandelte es wie eine unangenehme, lästige Pflicht und nicht wie etwas, das zu ihrem eigenen Vorteil ist, das sie auch ganz allein entscheiden darf. Diese lustlosen, eher halbherzigen Versuche verliefen entsprechend alles andere als perfekt, was sie immer wieder aufs Neue entmutigte.

Kleine Schulden zuerst bezahlen

Wenn du verschiedene Schulden zurückzahlen musst (zum Beispiel angemahnte Rechnungen, Dispo- und Ratenkredite, eine Hypothek), sparst du am meisten Geld, wenn du diejenige mit dem höchsten Zinssatz zuerst bezahlst. Für die Motivation ist es aber oft besser, mit den kleinsten Schulden anzufangen: Jede bezahlte Rechnung, jeder ausgeglichene Kredit belegt dir, dass deine Bemühungen erfolgreich sind und du vorankommst.

Selbst Milliardäre haben unerfüllte Träume

Oft wird über den Kapitalismus geschimpft, aber er ist fair. Auch für Besserverdiener und selbst die Superreichen hat er immer noch ein Angebot, das sie sich kaum oder gar nicht leisten können. Wer ein Boot hat, träumt von einer Jacht. Wer damit im Hafen ankert, sieht den 160-Meter-Kreuzer des arabischen Scheichs neben sich. Aber auch dieser ist nicht wunschlos glücklich. Er denkt neidisch an den russischen Milliardär, dessen Schiff einen Meter länger und dreimal so teuer ist. So blicken am Ende alle genauso sehnsüchtig zum Horizont wie derjenige, der sich nur mal ein Ruderboot für eine halbe Stunde gegen Gebühr ausleihen kann.

Träume wachsen bei den meisten Menschen schneller als das Einkommen.

US-Talkmasterin Oprah Winfrey – drei Milliarden Dollar Vermögen – scheiterte bei einem Besuch in Zürich daran, eine bestimmte Krokodilleder-Handtasche für 35 000 Franken zu kaufen. Angeblich weigerte sich die Verkäuferin, sie ihr auch nur zu zeigen: »Sie wollen diese Tasche nicht sehen. Die ist zu teuer. Die können Sie sich nicht leisten.« Oprah beklagte sich vielbeachtet darüber im Fernsehen. Die Verkäuferin entgegnete via Zeitungsinterview, es sei ein Missverständnis gewesen und habe sich eigentlich ganz anders zugetragen. Wir lernen etwas daraus, was ein kleiner Trost ist: Selbst den Superreichen geht es manchmal nicht anders als uns, wenn wir uns wieder einmal irgendwo am Kundenschalter herumstreiten müssen!

Ringen mit sich selbst

Es ist ein anspruchsvolles Ringen mit sich selbst, das jeder in einer Situation wie Regine erlebt: jetzt auf etwas verzichten, um es später dafür besser zu haben. »Belohnungsaufschub« nennt es die Psychologie und hat es in einem bekannten Experiment untersucht: Kleine Kinder sollten darauf verzichten, einen Marshmallow, der direkt vor ihnen lag, zu essen. Dafür würden sie zur Belohnung später zwei bekommen. Einige aßen den Marshmallow trotzdem sofort oder nach

Nicht immer aufs Ergebnis schauen, sonst verlierst du bald die Geduld.

wenigen Minuten. Andere konnten problemlos abwarten, indem sie sich selbst ablenkten oder nur geduldig da saßen. Schon so früh zeigt sich: Jeder geht da ein bisschen anders ran.

Vergleiche mit anderen, die es scheinbar besser machen oder denen es leichter fällt, helfen dir deshalb nur wenig. Man kann sich manchmal etwas abschauen, muss aber seinen eigenen Weg finden. Grundsätzlich ist es bei langfristigen Sparvorhaben nicht motivierend, ständig auf die Guthaben zu schauen. Sie verändern sich im monatlichen Vergleich nur minimal oder sinken sogar mal. Das frustriert bald. Ebenso wenig sinnvoll sind Hauruck-Aktionen: Übereilt abgeschlossene Spar- oder Versicherungsverträge, um sich selbst zu disziplinieren, gar unseriöse Anlagen und Gewinnspiele, die den Befreiungsschlag bringen sollen.

Aktiver und persönlicher leben

Wie bei allen langfristigen Vorhaben hilft es dir auch bei den persönlichen Finanzen, wenn du nicht zu sehr an das gewünschte Ergebnis denkst – etwa keine Schulden mehr zu haben, dafür Geld auf dem Konto. Sondern dir einen Lebensstil angewöhnst, bei dem du Spaß daran hast, auf die Kosten zu achten. Es kann sinnvoll sein, mit deinem Chef über eine Gehaltserhöhung zu verhandeln oder sich mit diesem Ziel woanders neu zu bewerben. Am schnellsten und effektivsten kommst du aber voran, wenn du deine Kosten da senkst, wo es dir noch nicht einmal wirklich wehtut. Viele Kleinigkeiten summieren sich im Laufe der Zeit.

Wenn du gelegentlich Freunde zu dir einlädst und für sie kochst, sparst du im Vergleich zum Restaurant nicht nur Geld. Du zeigst auch eine persönlichere Seite von dir. Mixt du ein paar einfache Cocktails selbst und stellst Snacks dazu, kostet das nicht nur weniger als in einer Bar. Es ist auch gemütlicher. Ebenso, wenn du nicht immer nur neue Kleidung, Möbel oder andere Produkte kaufst,

Der erhoffte große Befreiungsschlag bleibt meist aus, die Summe der Kleinigkeiten zählt.

sondern preiswerte gebrauchte Dinge entdeckst, selbst anpasst oder verschönerst. Teure Kantinenessen, Sandwiches und Kaffee unterwegs? Das ist oft bequem. An anderen Tagen kannst du dir etwas von zu Hause mitnehmen, das sogar besser schmeckt und gesünder ist. Erinnere dich auch bei Ausflügen und Urlauben daran, wie wenig es für eine wunderbare Zeit braucht.

Unabhängiger durch weniger Wünsche

Dass deine veränderte Perspektive wirkt, erkennst du daran, dass du dich gern und entspannt mit deinen persönlichen Finanzen beschäftigst, anstatt dieses Thema zu vermeiden. Du musst dich überhaupt nicht davon unter Druck setzen lassen, wie es perfekt hätte laufen müssen. Es ist dein Leben und deine Verantwortung, und fast immer verlaufen die Dinge anders, als es sich ein Anlageberater mit seinen Prospekten vorstellt. Auch in kleinen Schritten und später im Leben kannst du immer etwas für deine Finanzen tun, wenn du vorher noch nicht dazu gekommen bist oder noch nicht bereit dazu warst. Grundsätzlich sollte das Ziel sowieso nicht sein, möglichst viel anzuhäufen. Vielmehr geht es vor allem darum, grundlegende Risiken jetzt und später abzusichern – nach deinen Möglichkeiten und deinem Bedarf. Du wirst nicht etwa »finanziell unabhängig«, indem du dir alles leisten kannst, sondern, indem du in deinen Ansprüchen flexibel bist.

Kleinere, erreichbare Ziele

Nach unseren Gesprächen notierte sich Regine eine Woche lang ihre Ausgaben. Verblüfft stellt sie fest, dass allein für die Kantine, für Sandwiches, Kaffee und Wasser unterwegs ein dreistelliger Betrag wegging – wöchentlich. »Das nehme ich mir ab jetzt von zu Hause mit«, beschloss sie. Bar- und Restaurantbesuche reduzierte sie, kaufte Designermode nun häufig im Secondhand-Shop.

Bald merkte sie, dass sie jeden Monat eine gewisse Summe beiseitelegen konnte, ganz ohne echte Einschränkungen. Ein vorhandenes kleines Konto-Minus glich sie innerhalb von zwei

Monaten aus und ließ ihr Dispolimit dann auf Null senken, um nicht mehr so leicht in Versuchung zu geraten. Sie zahlte nur noch mit der Maestro- statt mit der Kreditkarte, damit alles sofort verbucht war. »In meiner Lebensqualität merke ich überhaupt keine Verschlechterung«, stellte sie fest, als wir uns wieder sprachen. »Im Gegenteil: mehr Kontrolle und weniger Sorgen.«

Einfach sparsam

»Nach Rezept zu kochen ist keine Kunst«, meinte meine Urgroßmutter immer. »Eine Kunst ist es, mit dem zu kochen, was man zu Hause hat.« So kombinierte sie grundsätzlich zuerst, was schon im Kühl- und Küchenschrank war, damit nichts verdarb. Ein neues Kleid wurde gebraucht? Sie besorgte günstigen Stoff, verwendete Kragen und Manschetten von einem anderen Stück, das aus der Mode gekommen war. Obst und Gemüse? Im eigenen Garten geerntet, selbst eingekocht. Heute hätte sie sicher einen Online-Shop für saisonale, regionale und nachhaltige Lebensart, mit der man auch noch spart!

Eine kleine Übung: Zeit für deine persönlichen Finanzen einplanen

Du kannst also deinen Perfektionismus reduzieren, indem du dir kleine, machbare Ziele setzt. Wenn du aktuell wenig Übersicht in deinen finanziellen Angelegenheiten hast, hilft es dir, wenn du dafür einmal pro Woche eine feste Zeit (15 bis 30 Minuten) einplanst: Rechnungen, Kontoauszüge und andere Dokumente sortieren, die Versicherungen durchgehen, Steuerunterlagen zusammenstellen. Wenn die geplante Zeit vorbei ist, legst du alles wieder zur Seite – bis zur nächsten Runde. So verhinderst du, dass du wegen Überforderung gleich wieder aufgibs.

Ich starte meine Karriere erst, wenn ich perfekt bin

Stefan hat schon zwei Studienabschlüsse und mehrere Praktika, jobbt aber weiterhin nur herum. Er fühlt sich immer noch nicht gut genug vorbereitet aufs Berufsleben. Deine Lektion: Keine Vorbereitung darf ewig dauern.

Manchmal packte Stefan, für ihn selbst unerwartet, eine enttäuschte Wut. Wenn er etwa auf dem Arbeitsweg mit seinem Fahrrad in den Regen geriet und durchnässt an einer Ampel stehen musste, während neben ihm ein etwa gleichaltriger Mann entspannt im Auto saß. Zwar war er grundsätzlich davon überzeugt, dass Radfahren »die beste Fortbewegungsart für Mensch und Umwelt« sei, wie er sonst gern argumentiere. Aber für den Großeinkauf am Wochenende mit seiner Freundin oder eben bei schlechtem Wetter wäre ein Auto doch deutlich angenehmer. Ein gebrauchter Prius würde schon genügen. Von einem Tesla wagte er noch nicht einmal zu träumen, auch wenn der überall ständig als das Zukunftsmodell der Mobilität präsentiert wurde.

Es frustriert enorm, wenn man jahrelang nicht wirklich vorwärtskommt.

Ähnliche Gedanken überkamen ihn gelegentlich, wenn er sein Spiegelbild in der Glasfassade jenes Bürokomplexes vorbeifliegen sah, den sich eine Unternehmensberatung und eine Großbank teilten. Hier arbeiteten also diejenigen, die – anders als er seinerzeit – ihr BWL-Studium abgeschlossen hatten und richtiges Geld verdienten. Stefan selbst war inzwischen Mitte 30, führte aber gezwungenermaßen noch immer weitgehend das Leben eines Studenten und kam sich langsam zu alt dafür vor. »Wahrscheinlich muss man reich geboren sein, um sich Haltung im Job leisten zu können«, meinte er zerknirscht, als wir das erste Mal miteinander sprachen, und klang zu verbittert für sein Alter und die Ausbildung, die er genossen hatte. »Aber dann braucht man den Job ja gar nicht erst.«

Viele Realitäten des Berufslebens enttäuschen

Stefan war in Sorge, »nie richtig Karriere zu machen«. Zwar hatte er eine Festanstellung als wissenschaftlicher Mitarbeiter bei einer renommierten Stiftung gefunden. »Aber das ist, wenn man genauer hinsieht, etwas zwischen Sekretär und Sachbearbeiter«, war seine wenig begeisterte Einschätzung. »Termine organisieren, Texte anpassen. Eine halbe Planstelle, auf ein Jahr befristet. Dafür hätte ich nicht zehn Jahre studieren müssen.« Er lebte, weil ihm Planbarkeit fehlte, noch immer in seiner alten WG und befürchtete, »den Anschluss ans echte Berufsleben zu verpassen«. Mit dem Coaching, teilweise von seinen Eltern übernommen, erhoffte er sich mehr Klarheit für seine Zukunft. »Irgendwann muss es doch auch für mich einmal richtig losgehen!«

In den ersten Berufsjahren verliert man oft viele Illusionen über das Arbeitsleben.

Die ersten Berufsjahre erleben viele jüngere Coaching-Klienten als ausgesprochen ernüchternd. Manche Vorstellung stellt sich als idealistische Illusion heraus. Die teure und mühevolle Ausbildung zählt beispielsweise bei Bewerbungen oft gar nicht so viel wie erwartet, weil die anderen ähnliche Abschlüsse und Zertifikate vorlegen. Angeblich wichtige Jobs werden, wie man feststellen muss, nicht unbedingt auch gut bezahlt. Befördert wird vielfach nicht derjenige, der am besten gearbeitet hat. Die ganz große Karriere kostet so viel Kraft und Selbstverleugnung, dass sie es möglicherweise gar nicht wert ist. Ein Coaching hilft hier, die Realitäten anzuerkennen und neue Pläne zu entwerfen, die besser zu den persönlichen Werten und Wünschen passen und auch umsetzbar sind.

Mehrmals das Studienfach gewechselt

»Ich wusste ewig nicht, was ich studieren sollte«, erzählte Stefan über seinen Weg. »Ich habe gern gelesen und gelernt, hatte aber keine ausgeprägten Interessen. Jura schien mir noch die meisten Optionen offenzuhalten, war mir aber zu trocken. Also habe ich mit BWL angefangen, auch ein eher allgemeines Fach.« Nach zwei Semestern war ihm klar, dass er sich zu wenig für Wirtschaft interessierte. »Es sollte etwas mit Menschen sein«, war deshalb seine nächste Überlegung. »Also habe ich wieder gewechselt, auf Soziologie mit Psychologie als Nebenfach.« Seine Eltern, beide Lehrer, konnten ihm wenig praktische Orientierung geben: »Sie sind noch aus der Generation, für die ein Studienabschluss automatisch einen gut bezahlten Job bedeutete.« Sein Bachelor- und Masterstudium zog sich durch mehrere Wechsel – der Fächerkombination wie auch der Universität wegen eines Umzugs aus privaten Gründen – zu lang hin.

Die Lebensplanung kann nicht nur den Wünschen der HR-Abteilung folgen.

»Einmal habe ich zwei Jahre pausiert und als Barista gejobbt, weil ich mir nicht mehr sicher war, ob ich den Master überhaupt fertigmachen sollte«, sagte er. »Dabei waren nur noch einige Scheine und die Masterarbeit offen. Aber ich hatte völlig die Hoffnung verloren, dass sich das noch lohnt.« Als warnende Beispiele erschienen ihm mehrere Freunde, die nie mehr von der Uni wegkamen: »Nach dem Master kein Job, also erst einmal promovieren. Wieder nichts, also ein ›Postdoc‹. Plötzlich bist du Mitte 30 und zu alt für viele Firmen, bei denen sich schon die nächsten Absolventen bewerben.« Um nicht so zu enden wie sie, nahm er die Stelle bei der Stiftung an, obwohl er davon nicht begeistert war. »Wenigstens weg von der Universität!«

»Nun verdiene ich immerhin regelmäßig Geld«, meinte er aber. »Ich hatte schon mehrere Praktika, das längste über neun Monate, bei denen das Gehalt bestenfalls symbolisch war.« Aber er war frustriert, weil ihm vieles weiterhin nicht möglich war. »Da rede ich gar nicht von teuren Reisen oder irgendwelchem Luxus. Aber ich bin seit einem Jahr mit meiner Freundin zusammen. Es wird langsam Zeit für eine gemeinsame Wohnung, irgendwann auch für die Familienplanung. Nichts davon ist finanziell wirklich drin bei mir.« Erst kürzlich hatte ihm wieder einmal seine Mutter helfen müssen, damit er seine fälligen Jahresabrechnungen für Nebenkosten und Strom bezahlen konnte.

Manche Berufswahl bereut man sein Leben lang, kann den Kurs aber korrigieren.

»Wenn ich zurückblicke, hätte ich als Handwerker oder Facharbeiter leichter Arbeit gefunden und sofort mehr Geld verdient«, meinte Stefan. »Aber an diese Option habe ich damals gar nicht gedacht, hätte sie wahrscheinlich auch nicht ernsthaft erwogen. Da hätte ich mir eine bessere Beratung von meinen Eltern oder der Schule gewünscht. Aber am Ende bin ich für meine Entscheidungen verantwortlich. So ärgere ich mich jetzt, dass ich all die Jahre für zwei Abschlüsse aufgewendet habe, die mir nicht einmal das normale Leben eines Erwachsenen finanzieren. Der Master war sinnlos. Ehrlich gesagt, komme ich mir gegenüber meiner Freundin noch nicht einmal wie ein erwachsener Mann vor, mit dem sie eine Heirat und Kinder planen könnte.«

Wenn er sich die Stellenanzeigen ansah, war ihm klar, dass es kaum Angebote gab, die seiner Qualifikation entsprachen. »Ich könnte als Content-Manager jobben, irgendwas für andere ins Internet stellen. Das ginge, ist aber auch nicht gerade reizvoll. Gleichzeitig ist mein Lebenslauf nicht geradlinig, sondern sieht aus wie der eines Bummelstudenten, der ewig nicht wusste, was er wollte. Das registrieren die Personalabteilungen, auch wenn es nicht ganz stimmt. Aber andere ziehen ihren Bachelor durch und haben mit Anfang 20 bereits einen guten Job.« Nun erwog er eine erneute Weiterbildung, »Wirtschaftspsychologie oder Marketing«, vielleicht sogar eine komplette Umschulung. »Aber einmal muss die ewige Vorbereitung doch ein Ende finden!«

Stellenanzeigen lügen mehr als Tinder-Profile

Nur in Stellenanzeigen wird noch mehr gelogen als in Tinder-Profilen. Die Person, die da beschrieben wird, ist eine frei erfundene Fantasie. Motto: Es könnte so jemanden da draußen ja wirklich geben, vielleicht meldet er sich ja! Ein junger Berufsanfänger mit viel Erfahrung. Mit mehreren Abschlüssen, dreisprachig, aber ohne finanzielle Ansprüche, sondern dankbar, dass es »Obst, Wasser und Kaffee gratis« gibt. Angepasst, aber kreativ. Hoch dynamisch, aber fügsam und formbar. Stellenanzeigen werden von Leuten verfasst, die nach diesen Kriterien selbst nie eingestellt worden wären.

Auf Jobsuche brauchst du Qualifikationen, Kontakte und einen robusten Humor.

Wer sich trotzdem bewirbt, erlebt oft einen Realitätsschock. Das »kleine Team« besteht in Wahrheit aus einem selbst und einer Praktikantin. Die in der Anzeige beschriebenen Aufgaben sind nur eine Idee, eventuell auch ganz anders. Die »innovative Firmenkultur«? Seit 1978 nicht verändert. Ist die Stelle überhaupt frei? Eventuell wird sie »noch einmal im Profil angepasst«, doch »intern besetzt«, ganz gestrichen oder – wenn alle Bewerber abgelehnt wurden – zwei Jahre lang immer wieder neu ausgeschrieben. Mit etwas Routine wird klar: Wer auf Stellensuche geht, braucht die Kernkompetenz Humor.

Hoffen auf den perfekten Einstieg

Stefan hatte, wie wir im Coaching herausfanden, noch immer ein sehr idealistisches Bild von der Berufswelt. Wenn er nur endlich die richtige Ausbildung, das perfekte Zeugnis, die entscheidenden Praktika hätte, stünde ihm die Karriere offen, die er sich immer erträumt hatte. Auch seine privaten Lebensziele, etwa die eigene Wohnung mit seiner Freundin, um eine Familie zu gründen, könnte er damit verwirklichen. Aber außer einigen materiellen Aspekten war ihm selbst noch immer recht unklar, was er sich unter einer »richtigen Karriere« genau vorstellte. Sein Perfektionismus ließ ihn glauben, dass beruflicher Erfolg nur unter perfekten Voraussetzungen möglich sei, die er sich schon jetzt selbst genommen hätte. Seinen langen, zugegeben gewundenen Ausbildungsweg sah er bereits als dauerhafte Belastung an.

Möglichst keine Fehler machen

Keiner will sich in seinem Berufsleben unnötig selbst Schwierigkeiten machen. Auf eine Art einsteigen, die sich als ewiger Fehler durchziehen wird, und Entscheidungen treffen, die später jeden Karrierewunsch fast unmöglich machen. Wie Stefan hast du dich sicher auch bemüht, möglichst »nichts falsch zu machen«. Aber als Jugendlicher hat man nur einen sehr begrenzten Einblick ins Arbeitsleben. Auch Eltern und Freunde können oft wenig raten. Stefans Entscheidungen schienen zum damaligen Zeitpunkt sinnvoll: Er wusste nicht genau, was er wollte. Also wählte er sehr allgemeine Studienfächer. Das rächte sich: Es gelang ihm – auch wegen mehrerer Wechsel – nicht, ein eigenes Profil aufzubauen.

Die Verkäufer von Weiterbildungen versprechen mehr, als ihre Abschlüsse halten können.

Gleichzeitig glaubte er, was alle Anbieter von Aus- und Weiterbildungen gern versprechen, dass es nämlich mit dem richtigen Abschluss und Zertifikat garantiert mit dem Erfolg klappen würde. Auch seine Praktika waren von dieser Hoffnung getragen. Die halbe Stelle bei der Stiftung nahm er schließlich an, um endlich aus dem Dunstkreis der Uni »ins echte Leben« zu kommen. Dort angekommen, musste er jedoch feststellen: Die

Arbeit war nur mäßig interessant und bezahlt, zudem befristet. Er war versucht, wieder einen Schritt zurück zu gehen: zurück in die Welt der Ausbildungen, um seine früheren Versäumnisse auf diese Weise zu korrigieren. Aber ihm war selbst klar, dass er dafür eigentlich inzwischen zu alt und auch zu weit war.

Du darfst zuversichtlich sein

Optimismus, also immer das Beste sehen und erwarten, ist nicht empfehlenswert bei der Lebensplanung. Wer nur positiv denkt, überschätzt sich, geht unnötig hohe Risiken ein und wird regelmäßig enttäuscht. Pessimismus, also immer das Schlimmste sehen und erwarten, ist ebenso ungünstig. Wer nur negativ denkt, sorgt und ängstigt sich zu oft und vermeidet jede Chance. Am besten ist Zuversicht: Die Lage realistisch sehen – und dir zutrauen, dass du sie bewältigen kannst.

Selbst viele »Superstars« wohnen noch bei ihren Eltern

Wer nicht direkt dem Berufsweg seiner Eltern folgen will, findet in unserer Medienwelt erstaunlich wenige lebensnahe Vorbilder. Allenthalben werden im Fernsehen neue Sänger und Models gesucht, die danach bei »Big Brother« oder im »Dschungelcamp« unterkommen müssen, weil wohl doch keiner ihre Musik hören oder sie für Fotoshootings bezahlen mag. Viele Ärzte und Kommissare sind zu sehen, aber dafür muss man auch erst einmal lange studieren. Aus dem Bereich Landwirtschaft kennen viele nur »Claudia Bertani«, die angeblich die Mon-Chéri-Kirschen aussucht – im roten Business-Kostüm und auf High Heels.

Auch, was die zu erwartenden Einkommen angeht, werden unrealistische Erwartungen geweckt. In »Gute Zeiten, schlechte Zeiten« wohnt jeder angebliche »Praktikant bei einem Radiosender« in einem Loft, in dem allein das Badezimmer 40 Quadratmeter groß ist. Ein paar korrekte Lexikon-Antworten bringen bei Günther Jauch schnell eine Million. Wer sich nicht festlegen konnte und gleich »Superstar« – Sänger, Model, Autor und Social Influencer in einem – geworden ist, bekommt zwar alles gesponsert, wohnt aber komischerweise fast immer noch bei den Eltern. Klempner ist in dieser Welt höchstens Super Mario!

Besser nicht auf den Arbeitgeber hoffen

Wer wenig Berufserfahrung hat, sieht die Welt der Unternehmen oft noch erwartungsvoll verklärt und ist glücklich über jede Einladung zum Bewerbungsgespräch. Im Laufe der Zeit stellt jeder aber fest: Viele Firmen wissen selbst nicht, wen sie suchen, und sind auch nicht in der Lage, die Karriereplanung ihrer Bewerber und Mitarbeiter zu übernehmen. Dafür sind sie selbst zu vielen Veränderungen ausgesetzt: Die Wirtschaftslage oder das politische Klima verschlechtern sich auf einmal, die Konkurrenz hat plötzlich das bessere Produkt, die Kunden wollen jetzt etwas ganz anderes als bisher. Auch intern ist nie Ruhe: Immer eine Sparmaßnahme oder Umstrukturierung. Die Personalabteilung ist, wie alle anderen, chronisch überlastet und unterbesetzt.

Eine Karriere lässt sich nur grob planen, niemals mit einem festen Ziel.

Als Perfektionist würdest du, wie Stefan, wahrscheinlich versuchen, trotzdem jedes Detail vorauszuplanen, weil dir das ein Gefühl von Sicherheit und Berechenbarkeit gibt. Du würdest dir Zwischenziele und Meilensteine setzen, deine eigene Leistung regelmäßig beurteilen, den Kurs bei Bedarf korrigieren. Nur, um dann immer wieder festzustellen, wie viel trotzdem nicht klappt, sich anders entwickelt oder herausstellt. Mancher vermeintliche Traumjob ist, wenn er erst einmal erreicht ist, bestenfalls ein Albtraum. »Einmal muss ich doch irgendwo ankommen«, meinte Stefan in einem unserer Gespräche. Doch das Berufsleben verändert sich ständig wie das Leben insgesamt. Jede allzu starre Karriereplanung scheitert daher langfristig, auch wenn es oft einige Enttäuschungen braucht, um das einzusehen.

Die Vorbereitung muss einmal ein Ende finden

Für jeden Beruf musst du Mindestkriterien erfüllen. Meist ist das eine fachliche Qualifikation wie eine bestimmte Ausbildung, manchmal auch ein formelles Kriterium wie ein Bachelor-Abschluss. Auch einige Praktika, sofern nicht sowieso zwingend, können sinnvoll sein. Einmal aber ist es an der Zeit, die Vorbereitungen zu beenden. Ausbildungen sind kein Selbstzweck, sondern sollen dich auf ein Ziel vorbereiten. Ab diesem Punkt musst du beginnen, deine Investitionen wieder hereinzuholen, die Realitäten des Berufslebens oder eines bestimmten Jobs kennenzulernen und mit ihnen umzugehen. Praktisch immer wirst du feststellen, dass die Dinge nicht ideal sind, aber genug für den Start.

Plane lieber nur das ungefähre Ziel deines Berufslebens und sei flexibel in den Details.

Von sehr fixen Planungen solltest du dich verabschieden, etwa von 10-Jahres-Zielen, bei denen nie mehr etwas dazwischenkommen darf. Du darfst Wünsche haben, solltest aber erwarten, dass alles anders kommt. Eventuell viel besser, als du es dir jemals hättest vorstellen können! Der Wunsch nach Stabilität ist verständlich. Aber es hilft dir mehr, wenn du dir statt eines festen Zieles nur eine ungefähre Richtung vornimmst und flexibel bleibst. Eine Karriere ist kein linearer Aufstieg, sondern eine wilde Abfolge von Auf und Abs, hektischen und öden Phasen. Für frühe Panik besteht kein Anlass. Du wirst dir in jedem Lebensalter neue Möglichkeiten schaffen können.

Die bereits bestehenden Chancen nutzen

Dass der Perfektionismus weniger Macht über dich hat, erkennst du daran, dass du dich nicht mehr über deine unvollkommene Situation ärgerst und ständig auf »später« hoffst – eine undefinierte Zukunft, in der bei ausreichender Anstrengung und etwas Glück endlich alles perfekt sein wird. Sondern dich mit deiner derzeitigen Lage zunächst einmal anfreundest, ihre Vorteile siehst und für dich nutzt. Dann reibst du dich nicht mehr völlig sinnlos mit dem auf, was nicht passt, sondern nutzt deine begrenzte Zeit und Kraft dafür, an möglichen Verbesserungen deiner Lage zu arbeiten.

Je weniger du klagst, desto mehr Zeit und Kraft hast du für eine Verbesserung.

Du wirst feststellen, dass es immer etwas gibt, das du schon jetzt zu deinem Vorteil nutzen oder ausbauen kannst. Manchmal ist es nur eine Kleinigkeit, oft mehr. Ganz alltäglich: Ein langweiliger Routine-Job gibt dir die Freiheit, nebenbei etwas zu lernen oder dir aufzubauen. Bald hast du gar keine Zeit mehr, dich über ihn und deinen Chef zu ärgern, weil du stattdessen an Aufgaben arbeitest, die dich voranbringen werden, auch wenn du das genaue Ergebnis jetzt noch nicht vorhersagen kannst.

Ein pragmatischer Neuanfang

Stefan entschied sich, noch mindestens bis zum Vertragsende bei der Stiftung zu bleiben, falls möglich, ein Jahr länger. »Ich will mich jetzt in dieses Feld einarbeiten, Kontakte knüpfen und mir einen Namen machen, indem ich häufiger bei Veranstaltungen spreche und Fachartikel schreibe«, hatte er beschlossen. »Das wird mir mehr helfen, als wenn ich noch einen Kurs mache.« Wenig später fand er einen flexiblen Zweitjob als Lektor für ein wissenschaftliches Magazin, was sein Einkommen verdoppelte. Mit seiner Freundin hatte er besprochen, dass sie möglichst schnell zusammenziehen würden. »Wenn eine WG mit meinen Kumpels finanziell möglich ist, dann auch mit ihr!«

Seine Eltern streckten ihnen Geld für Kaution und Möbel vor, das sie ratenweise zurückzahlten. Sie teilten sich die Miete für eine kleine Wohnung, und sechs Monate später war seine Partnerin schwanger. »Unsere Beziehung ist viel intensiver geworden«, meinte Stefan. »Es ist nicht alles ideal, aber machbar.«

Einige finden nie ein Ende

Theoretisch kann man die Berufsvorbereitung unendlich ausdehnen. Die Medien berichteten über einen 70-Jährigen, der im 108. Semester Medizin studierte und »nebenbei« arbeitete bzw. Rente bezog. Mehrere Universitäten mussten die Gerichte bemühen, um Studenten loszuwerden, die nach 40 bis 50 Semestern noch keinen Abschluss hatten. Wohl nicht nur, weil sie so gern studierten, sondern auch, weil die Studentenrabatte und das Uni-Sportangebot attraktiv bleiben. Mit diesem Ansatz bekommt lebenslanges Lernen eine ganz neue Dimension: Manche wollen vor allem lernen, dem Leben möglichst lange auszuweichen.

Eine kleine Übung: Darauf vertrauen, dass du nicht alles planen musst

Du kannst dich also vom Perfektionismus befreien, wenn du lernst, darauf zu vertrauen, dass sich die Dinge entwickeln dürfen und viel Gutes entsteht, das gar nicht planbar war. Überlege dir drei prominente Personen, die du für ihre Leistung bewunderst, beispielsweise Unternehmer, Politiker, Sportler oder Künstler. Lies dir auf Wikipedia oder in einem klassischen Lexikon ihre Kurzbiografien durch. Welche unerwarteten Wendungen haben ihre Leben genommen, was ergab sich erst daraus? Du wirst sehen, dass selbst die erfolgreichsten Menschen das meiste nicht voraussehen konnten und das auch nicht notwendig war.

Nach den Ferien brauchen wir erst mal Urlaub

Marius kann sich die vielen Reisen, Ausflüge und Restaurantbesuche mit seiner Familie eigentlich nicht leisten. Aber er hat Ansprüche und will ihr etwas bieten. Deine Lektion: Vergiss nicht, worauf es wirklich ankommt.

Im Rückblick erinnerte sich Marius an viele Urlaube, in denen er nicht hauptsächlich wegen der Sonne geschwitzt hatte. Sondern wegen des Gedankens an die Abschlussrechnung, wenn er am Hotelpool – häufig mit einem wunderbaren Meeresblick – insgeheim die pausenlosen Wünsche seiner Familie überschlug.

»Papa, noch eine Cola«, schienen die Kinder jede halbe Stunde zu fragen, weil es ihnen Spaß machte, wie die Erwachsenen an der überteuerten Poolbar zu bestellen. Geld für die »Gaming-Arcade« brauchten sie ebenfalls ständig. »Auf der Banane reiten« war schon für den Nachmittag reserviert. Seine Frau orderte einen »Sunshine Margarita« nach dem anderen, als würde ihr nicht auffallen, welcher Preis dafür auf der Karte stand. Sie wünschte sich später noch eine Wellness-Massage sowie einen Familienausflug in eine benachbarte Kunststadt. »Wenn wir schon hier in der Nähe sind – wäre doch schön, oder?«

Die Extras kosten manchmal fast so viel wie ein zweiter Urlaub.

Am meisten ärgerte sich Marius bei diesen Gelegenheiten über sich selbst. Wieso hatte er wieder solch eine Reise gebucht? Zwar Last Minute und »all inclusive«, aber für vier Personen und mit so vielen Extras war es nie ein Sonderangebot. Nach dem letzten Urlaub hatte er die Kreditkartenabrechnung sogar mit einer vorgeschobenen Reklamation stornieren müssen, um vier Wochen Zeit für die Bezahlung zu gewinnen, weil es finanziell eng war. Eigentlich brauchte er Erholung von dieser Art Ferien!

Wenigstens einmal um nichts kümmern müssen

Marius, Verkaufsleiter bei einer großen Versicherung, hatte sich ein Coaching gebucht, weil er sich ständig gestresst fühlte. Tatsächlich war sein beruflicher Alltag sehr anstrengend. Er stand immer unter Erfolgsdruck. Mehrmals wöchentlich reiste er zu Terminen in eine andere Stadt, um Kunden zu gewinnen und Verträge mit ihnen auszuhandeln. Morgens hin, abends zurück.

»Am Wochenende und in den Ferien brauche ich meine Ruhe«, sagte er in unserem ersten Gespräch. »Wenigstens da will ich mich um nichts mehr kümmern müssen. Da soll alles perfekt sein, auch für meine Familie.« Aber das wollte ihm nur teilweise gelingen, musste er sich selbst eingestehen: »Es wird immer anstrengend und zu teuer, selbst für mein Einkommen.«

Freizeitstress kommt im Coaching regelmäßig zur Sprache, und auf den ersten Blick denkst du eventuell: »Das soll ein Problem sein? Dann hätte ich das auch gerne!« Als Coach habe ich da eine klare Meinung: Ein Problem ist das, was der Klient als solches sieht. Es wäre eine Anmaßung von mir, würde ich jemandem seine Einschätzung absprechen – er kennt sein eigenes Leben am besten. Herausforderungen können sich in jedem Bereich zeigen und verdienen es, ernst genommen zu werden. Speziell bei Freizeitstress geht es meist um finanzielle, zeitliche oder kräftemäßige Überforderung, also durchaus ernste Themen.

Atempausen vom Alltag

»Meine Eltern sind selten mit uns verreist, höchstens einmal im Jahr«, erinnerte sich Marius an seine Kinder- und Jugendjahre. »Immer ganz unkompliziert. Eine Ferienwohnung, die wir mit dem Auto erreichen konnten, selten im Ausland. Mein Vater und meine Mutter sind nach der Ankunft in den nächsten Supermarkt gefahren, haben eingekauft und sich dann mit dem Kochen abgewechselt. Beide waren sich darin einig darin, dass Restaurants eine Geldverschwendung waren: schlechteres Essen, teurer und umständlich, weil man erst hinkommen musste.«

Er studierte, anders als seine Eltern, und war interessiert daran, Städte und Länder kennenzulernen. »Viel Geld hatte ich nicht. Aber das hat mich nicht gestört. Ein billiger Flug, ein einfaches Hotel, manchmal auch nur ein privates Gästezimmer. Das Essen habe ich mir oft aus dem Supermarkt geholt, irgendein abgepackter Salat, oder etwas von McDonald's. Nicht besonders edel, aber es hat mir gereicht. Ich war schon glücklich, dass ich London, Paris oder sogar New York sehen konnte. Außerdem: Alles andere war ja bereits teuer genug – Nahverkehrstickets, Eintritt ins Museum, vielleicht mal in ein Musical oder so.«

Man vergisst schnell, wie wenig man in jungen Jahren für den Urlaub brauchte.

Mit dem steigenden Einkommen wurden seine Reisen aufwendiger. »Mit meinem ersten Job habe ich mir manchmal schon ein 4-Sterne-Hotel geleistet. Vor allem, als ich dann mit meiner damaligen Freundin verreist bin. Ich wollte ihr etwas bieten und sie ein wenig verwöhnen«, erzählte Marius. »Sie studierte noch, also habe ich meistens bezahlt. Das war in Ordnung für mich, auch wenn es finanziell manchmal knapp wurde. Ich habe mich gefreut, dass ich ihr etwas bieten konnte und wir zusammen eine schöne Zeit hatten. Etwas unternehmen, was sie sich leisten kann, mir aber nicht gefiel, wollte ich auch nicht.«

Später lernte er seine jetzige Frau kennen, und das Arrangement war ähnlich: »Sie hat anfangs noch gearbeitet. Dann kam unsere Tochter, und sie blieb zu Hause. Dann unser Sohn, und sie begann eine Weiterbildung, weil sie keinen Job fand.

So richtig sucht sie bis heute nicht. Aber für mich passt das eigentlich. Mein Einkommen reicht für uns, und es ist gut, wenn wenigstens einer von uns genug Zeit für die Kinder hat, auch wenn sie das manchmal nervt. Ich muss ja morgens oft schon um sechs Uhr zum Bahnhof oder Flughafen, damit ich meine Termine erreiche. Wenn ich zurück bin, schlafen alle meistens schon wieder.«

Ihre Urlaube waren die Zeiten im Jahr, in denen sie als Familie einmal mehrere Tage am Stück zusammen sein konnten. Ein wenig normaler Alltag, obwohl fern von daheim und unter besonderen Umständen. »Wir haben schon sehr schöne Reisen unternommen. Florida, Dubai, Singapur. Das ist echter Luxus, und ich genieße das«, meinte Marius. »Am schönsten sind dabei trotzdem immer die ganz einfachen Momente. Wenn wir gemeinsam frühstücken. Oder ich neben meiner Frau am Pool liege, wir beide lesen oder zusehen, wie die Kinder spielen. Muss man dafür so teuer verreisen? Wahrscheinlich nicht.«

Von einem hohen Standard kommst du später im Leben ganz schlecht wieder runter.

Er war inzwischen ein Experte darin geworden, die Bonuspunkte von Fluggesellschaften und Hotelketten mit Sonderangeboten im Internet so zu kombinieren, dass es für ihn halbwegs bezahlbar blieb. »Es kostet trotzdem immer noch eine Menge und ist auch viel organisatorische Arbeit, wenn man mit zwei Kindern unterwegs ist. Zumal wir neben unseren Reisen auch gelegentlich in ein gutes Restaurant gehen wollen.« In der Summe wurde ihm das auf Dauer zu teuer und auch zu anstrengend. Aber er wusste nicht, wie er das wieder korrigieren sollte: »Ich habe da für uns einen Standard eingeführt, von dem ich nicht mehr runterkomme.«

Beziehung ist mehr, als zusammen zu leben

Ich las einmal ein langes Interview mit einem Firmenvorstand und Multimillionär, der dem Volk weise verkündete, dass es »kein Menschenrecht auf Flüge für 40 Euro« gäbe. Er selbst sei bereits in mehr als 100 Ländern gewesen, 49 Mal allein im Himalaya. Die anderen müssten nun eben ein bisschen länger sparen, wenn die Flugpreise für die Umwelt steigen würden. Er selbst erinnere sich noch gern an seine Studentenzeit und wie schön es damals gewesen sei, wenn man sich einmal etwas leisten konnte. Er gehe »mit einer gewissen Demut durch die Welt«, das habe er von einem tibetanischen Mönch gelernt. Das ist natürlich sehr inspirierend!

Wenn der Partner mitreisen will, wird es für manche doppelt stressig.

Für manche Verheiratete ist es bereits Freizeitstress, wenn der Partner dabei sein will. Sie sagen: »Wenn ich schon bezahlen muss, will ich wenigstens in Ruhe gelassen werden!« Die moderne Technik macht solche Arrangements leichter. Wie oft sieht man diese Paare im Restaurant: Gemeinsam am Tisch, aber jeder auf sein Handy konzentriert. Ein bisschen Grummeln – »ja«, »hmmm«, »weiß auch nicht« – simuliert bereits ein entspanntes Beziehungsgespräch. Der verbindende Moment des Abends ist dann, wenn einer den Kopf hebt: »Schatz, hast du ein Ladekabel dabei? Mein Akku macht schlapp.« So klingt Romantik 2.0.

Idealisierte Vorstellungen

Wie wir im Coaching herausfanden, hatte Marius klare, allerdings auch recht idealisierte Vorstellungen davon, wie sein Beziehungs- und Familienleben aussehen sollte. Er wollte morgens mit allen am Frühstückstisch sitzen, tagsüber viel Zeit mit seiner Frau und den Kindern verbringen, sie glücklich sehen. Gleichzeitig hatte er schon früh feststellen müssen, dass sich das kaum mit seinem beruflichen Alltag verbinden ließ. Er war wegen seiner langen Arbeitszeiten und häufigen Dienstreisen regelmäßig abwesend, durch den Verkaufsdruck auch ständig belastet. Seine Partnerinnen – sowohl seine damalige Freundin als auch seine heutige Frau – hatten ihre eigenen Sorgen, etwa die erfolglose Arbeitssuche. Wenigstens in den Ferien sollte einmal alles perfekt sein, die Widersprüche ihres Alltags aufgehoben sein.

Gedankliche Ausflüge

Wahrscheinlich hast du in deinem Leben auch schon anstrengende Phasen gehabt, in denen du dich nur noch von Wochenende zu Wochenende gehangelt hast. Beruflichen oder persönlichen Stress nur durchgehalten hast, weil du dich auf die nächsten Ferien freuen konntest. Schon die Reiseplanung und -vorbereitung ist dann wie ein kleiner mentaler Urlaub: Bilder des Wunschortes in Katalogen und auf Instagram durchsehen, Tipps aus Reiseblogs zusammenstellen, jedes Detail schon einmal gedanklich vorwegnehmen, immer wieder durchdenken und genauer planen. Das lenkt ab von den Bürden des Alltags, gibt ein lohnenswertes Ziel vor und macht es leichter, mit den aktuell unvermeidbaren oder unlösbaren Ärgernissen umzugehen.

Nicht alles, was du werktags verpasst, kannst du am Wochenende nachholen.

Bei Marius war aus solch einer Phase allerdings ein Lebensstil geworden. Was er an den Werktagen mit seiner Familie nicht erleben konnte, hatte er dauerhaft in die Wochenenden und Urlaube ausgelagert: Zeit, Gemeinsamkeit, Ruhe. Dann wenigstens sollte alles perfekt sein, garantiert anders als im Alltag. Für diese Tage und Wochen der Perfektion war er bereit, einen hohen Preis zu bezahlen, weil sie ihm so wichtig waren. Er trug die Kosten und manch finanzielle Sorge, die er gar nicht hätte haben müssen. Aber so schön diese Ausflüge und Reisen auch sein mochten: Auf Dauer glichen sie nicht aus, was im täglichen Leben fehlte – und wurden daher immer zahlreicher, teurer und aufwendiger.

Weniger Stress übers Jahr erspart viele Urlaubskosten

Es gibt Leute, die stressen sich das ganze Jahr, um im Sommer zwei unbeschwerte Wochen genießen zu können. Dieser Ansatz erinnert mich an einen Freund, der als junger Mann eine Versicherung abschloss, die ihm einmal eine besonders schöne Beerdigung bezahlen soll. Ich meinte: »Da zahlst du also mindestens 50 Jahre lang ein. Sparst du für den Tadsch Mahal oder willst du dir eine Pyramide aufstellen lassen?« Andere genießen lieber das Hier und Heute. Zwei Wochen bescheidenere Ferien, dafür die restlichen 50 Wochen im Jahr entspannter verbringen. Mit dieser Methode lebt man wahrscheinlich auch noch länger!

Erwecke besser nicht ständig den Eindruck, dass dir alles ganz leichtfiele.

Es gibt außerdem immer noch Tricks, um die Reisekasse aufzubessern. In den USA forderten schon mehrmals Besucher von Disney-Parks hohen Schadenersatz, weil Mitarbeiter vor ihnen versehentlich den Kopf ihrer Mickey-Maus-Kostüme abgenommen hatten. Der unerwartete Anblick habe die Kinder so schwer traumatisiert, dass nur die Zahlung von einer Million Dollar das noch heilen könne. Wer je in einem Themenpark war, weiß natürlich, dass das nur vorgeschoben ist. Die Abschlussrechnung hatte die Eltern traumatisiert, und sie hofften, durch dieses Manöver wenigstens einen Teil ihrer Ausgaben zurückzuholen!

Gegenseite verstehen

Es ist durchaus nachvollziehbar, dass sich Marius nicht nur über sich selbst ärgerte, sondern auch über seine Familie, obwohl er sie liebte und nur das Beste für sie wollte. Sie nahm gern, aber ganz selbstverständlich seine Reisevorschläge an und gab vor Ort auch recht großzügig Geld aus, weil es doch scheinbar keine Rolle spielte. Du hast dich in ähnlichen Situationen wahrscheinlich auch schon geärgert, wenn andere gar nicht an die Folgen für dich gedacht haben. Hier rächte sich für Marius, dass er als Familienvater immer den Eindruck erweckt hatte, dass ihm diese Großzügigkeit leichtfiele, für ihn geradezu mühelos sei.

Was nicht geholfen hätte, wären Vorwürfe und Zurechtweisungen an die Familie. Marius hatte mit ihr nie offen über seine finanziellen Belastungen gesprochen. Nur gelegentlich eine vage Verärgerung gezeigt, ohne sie zu weiter erklären. Wenig realistisch wäre es auch gewesen, sich ohne sonstige Veränderung vorzunehmen, zukünftig weniger häufig oder billiger zu verreisen. Marius und seine Frau hätten den früheren Erlebnissen nachgetrauert und wären damit unzufrieden gewesen. Er hätte seiner Familie insgeheim den Vorwurf gemacht, dass sie ihn mit der Verantwortung allein ließ – und sich selbst, dass er nicht mehr Geld verdiente. Erwartbares Ergebnis: Schon bald hätte er den nächsten teuren Urlaub gebucht, der wieder allen gefiel.

Der Schritt zurück ist schwerer

Es ist immer leichter, sich von der Jugendherberge an ein 5-Sterne-Hotel umzugewöhnen, als umgekehrt. Eine Verbesserung ist immer angenehm. Der Schritt zurück fühlt sich schnell wie ein Abstieg an, selbst wenn er freiwillig ist. Gönn dir ein wenig Luxus, wenn du kannst. Aber genieße ihn als Ausnahme, auf die du dich besonders freuen kannst. Das erhält dir deine finanzielle Beweglichkeit und persönliche Flexibilität. Lege bei Rundreisen die einfachste Unterkunft am besten an den Anfang. Dann freust du dich umso mehr auf das, was noch vor dir liegt.

Es braucht gar nicht viel, um Spaß zu haben

Der Ausweg liegt darin, dir darüber klar zu werden, welche tiefer liegenden Bedürfnisse du dir mit teuren Freizeitaktivitäten wie ausufernden Wochenend- und Urlaubsreisen erfüllst. Ist es die Sehnsucht nach mehr Ruhe oder Abwechslung, nach mehr Kreativität, Spaß oder Bestätigung, als du es sonst erlebst? Wenn du das herausfindest, kannst du dir das gezielt in deinen Alltag holen, erlebst es häufiger und zahlst auch noch weniger dafür. Marius ging es gar nicht so sehr darum, exotische Abenteuer zu erleben und Neues zu entdecken. Er wollte sich erholen und eine entspannte Zeit mit seiner Familie verbringen – Dinge, die sonst immer zu kurz kamen. Dafür brauchte es keine teuren Reisen.

Wenn sich alle beteiligen, geht es vor allem um das schöne gemeinsame Erlebnis.

Er könnte in seinem Alltag mehr Gelegenheiten für gemeinsame Erlebnisse schaffen. Indem er sich etwa vornehmen würde, weniger Überstunden zu machen und mit seinem Arbeitgeber einen festen Homeoffice-Tag pro Woche auszuhandeln. Schon das würde ihm erlauben, mehr Mahlzeiten mit seiner Familie einzunehmen und nach einem pünktlichen Feierabend etwas gemeinsam zu unternehmen. Zukünftige Urlaube könnte er so gestalten, dass sich alle Familienmitglieder nach ihren Möglichkeiten beteiligen und einbringen können. Ganz ähnlich, wie er es einst bei seinen Eltern als sehr schön erlebt hatte. Ein wenig Luxus könnte er sich, soweit gewünscht und möglich, weiterhin gönnen. Dann aber als schöne Ausnahme, nicht mehr als notwendige Bedingung.

Beziehungen als Priorität

Dass du weniger perfektionistisch denkst, erkennst du daran, dass du bei Freizeitaktivitäten die Beziehungspflege zu deiner Priorität machst. Die Beziehung zu dir selbst, wenn du allein unterwegs bist, um einmal in Ruhe nachzudenken oder dich zu erholen. Vor allem aber die Beziehung zu den Menschen, die dir lieb und wichtig sind in deinem Leben. Alles andere stellt dafür nur den Hintergrund dar. Er muss gut funktionieren, damit er dich und euch nicht stört. Mehr braucht es aber gar nicht.

Du musst auch niemandem »etwas bieten«, sondern solltest im Gegenteil so planen, dass jeder etwas beitragen und mitwirken kann. Ein perfekter Urlaub ist dann nicht derjenige, der in eine besonders schöne Weltregion führt, bei dem es unterwegs nie eine Verspätung gab oder der Service im Hotel und in den Restaurants makellos war. Sondern derjenige, bei dem ihr euch auf neue Weise kennengelernt und wieder verbunden gefühlt habt. Das gilt übrigens ebenso für Wochenendausflüge, romantische Verabredungen oder einen Abend mit Freunden.

Gemeinsam geplant statt etwas bieten

»Ich habe bisher vor allem daran gedacht, was ich meiner Familie bieten kann«, sagte Marius nach unseren Gesprächen. »Damit habe ich, wenn ich ehrlich bin, auch ein bisschen mein schlechtes Gewissen beruhigen wollen. Ich bin tatsächlich zu oft abwesend und unterwegs. Dafür muss ich mich nicht rechtfertigen, das mache ich für uns alle. Aber ich habe darüber fast vergessen, worum es wirklich geht: dass wir zusammen sind.« Er plante künftig einen freien Abend in der Woche für gemeinsame Aktivitäten ein und fuhr nun einmal pro Woche morgens später ins Büro, damit sie in Ruhe gemeinsam frühstücken konnten.

Oft stellt man fest, dass man mit den anderen durchaus offen sprechen kann.

Vor dem nächsten Urlaub nahm er seine Frau beiseite und besprach mit ihr, statt eines Hotels diesmal eine günstigere Ferienwohnung zu buchen, um überlegter zu reisen. Das kostete gerade die Hälfte, sie hatten mehr Platz und eine eigene Küche. »Die lustigsten Momente waren, als wir im Supermarkt alle zusammen versucht haben, die Etiketten zu entziffern, und dann gemeinsam gekocht haben«, berichtete Marius später und wirkte sehr gelöst. »Da haben wir uns als Familie gefühlt wie schon lange nicht mehr!«

Das Paradies ist eine Fantasie

In einer Reportage habe ich einmal gesehen, wie aufwendig seinerzeit die Werbespots für »Bounty«-Schokoriegel vorbereitet wurden: Bäume am Strand umgesetzt, der Sand gesiebt, Palmenblätter mit der Nagelschere beschnitten, damit sich hinter den schönen Models nirgendwo eine gelbe Spitze zeigte. Die allgemeinen Erwartungen an die Karibik sind heute so unrealistisch, dass Kreuzfahrtgesellschaften eigene Inseln anmieten und dekorieren, wo es endlich perfekt »wie in der Karibik« aussieht. Denn sonst liegt auch dort mal der Müll herum, sind nicht alle Häuser herausgeputzt und gibt es soziale Probleme – wie in allen anderen Traumregionen der Welt. Das Paradies ist eben doch immer anderswo und eigentlich eine ewige Fantasie.

Eine kleine Übung: Plane so, dass jeder etwas beitragen kann

Es hilft also gegen Perfektionismus, wenn du bei deinen Aktivitäten die Beziehungspflege in den Vordergrund stellst. Diese kleine Übung kann dir dabei helfen. Schreibe vor dem nächsten Ausflug oder Urlaub mit allen Beteiligten auf, was jeder beitragen kann und will. Einer übernimmt vielleicht die Anreise und Übernachtung. Der andere zahlt die Extras, plant die Aktivitäten und sucht Routen heraus. Auch Kinder können immer etwas beisteuern, etwa beim Kochen oder Aufräumen helfen. So wird ein gemeinsames Projekt daraus, zu dem jeder nach seinen Möglichkeiten etwas beiträgt. Kinder lernen dabei auch gleich, was ihre Eltern leisten und was etwas kostet.

Beste Freunde, sonst können wir es lassen

Martin hat ein schlechtes Gewissen, weil er wegen seiner Arbeit nicht mehr so für seine Freunde da sein kann, wie er sich das wünscht. Selbst ihr traditioneller Brunch stresst ihn inzwischen. Deine Lektion: Alles verändert sich.

Für Martin klang das schlechte Gewissen wie seine Türklingel am Sonntagmorgen. Meist lag er noch mit seiner Partnerin im Bett, wenn es läutete. Er wusste ohne nachzusehen, wer draußen stehen würde: die übliche Clique – drei, vier gute Freunde aus seiner Studienzeit –, um sie zu einem Brunch zu überreden. »Zieht euch an, wir warten. Kein Stress!« Es war ihre »Tradition«, aber sie nervte ihn zunehmend. Früher hatte er sich immer gefreut, in letzter Zeit aber eher lustlos in die Wechselsprechanlage gemurmelt: »Sind gleich unten. Geht doch schon mal vor.« Oder kurz vorher per WhatsApp abgesagt: »Sorry, ist gestern spät geworden. Wir passen heute!« Er kam sich dabei feige und alt vor, aber es rettete ihnen wenigstens den freien Tag.

Manchmal spielte er mit dem Gedanken, so zu tun, als wären sie spontan verreist. Aber dafür kannten ihn seine Freunde zu gut. Sie würden annehmen, dass er plötzlich etwas gegen sie habe oder nicht mehr so entspannt wie früher war. »Es kommt mir selbst bescheuert vor«, meinte Martin. »Aber bei mir ist im Job so viel los, dass ich am Wochenende meine Ruhe brauche. Dann will ich nicht mal meine Freunde sehen, so blöd das auch klingt.«

Wenn du viel Stress hast, können auch die besten Freunde nerven.

Mit dem beruflichen Aufstieg wird die Zeit knapp

Ich hatte Martin kennengelernt, als er als junger Trainee bei dem Modekonzern anfing, für den er noch immer arbeitete. Inzwischen war er zum Change-Manager aufgestiegen, der dafür sorgen sollte, dass die verschiedenen Teams in dem internationalen Unternehmen besser zusammenarbeiteten. Die Aufgabe interessierte und begeisterte ihn, er wollte sich bewähren. Oft fühlte er sich aber überlastet und erschöpft: neue Verantwortung, viele Probleme mit seinen Kollegen, wöchentliche Dienstreisen zu seinen Standorten. »Freitagabend bin ich fertig«, gestand er mir. »Ich will nur noch schlafen und am Wochenende ein wenig Zeit mit meiner Freundin verbringen, ehe es am Montag wieder losgeht.« Für alles andere fehlte ihm weitgehend die Kraft.

Mit jeder Lebensphase kommen eigene interessante Herausforderungen.

Für einen Coach ist es besonders interessant, einen Klienten über längere Zeit und damit in verschiedenen Phasen seines Lebens begleiten zu dürfen. Aus Kosten- und Zeitgründen geschieht das selten durchgehend. Meist kehrt ein Klient nach ein bis zwei Jahren zurück, um neue Herausforderungen gemeinsam zu besprechen. Fast immer ist der berufliche Aufstieg das erste Thema. Später – mit einer festen Partnerschaft und Kindern – geht es wieder mehr darum, die Karriere mit privaten Wünschen zu vereinbaren. Ausreichend Zeit für Freunde zu finden gehört dazu, was aus verschiedenen Gründen mit zunehmendem Lebensalter schwieriger wird.

Vieles hat sich verändert

»Als ich für mein Studium hierher gezogen bin, begann ein neues Kapitel in meinem Leben«, erzählte mir Martin in unserem ersten Gespräch. »Ich kam aus meiner Kleinstadt und lernte eine ganz neue Welt kennen. Dazu gehören auch die Leute, die bis heute meine engsten Freunde sind. Wir sind zusammen durch die Clubs gezogen, hatten ungefähr zur gleichen Zeit unsere ersten richtigen Beziehungen, die ersten Jobs. Haben auch mal zu viel getrunken oder mit anderen Sachen experimentiert, über die wir heute noch lachen oder den Kopf schütteln. Das schweißt schon ordentlich zusammen.« Sehr früh hatte jeder für sich beschlossen, wenn immer möglich in der Stadt zu bleiben. Den meisten war das auch gelungen. So wohnten sie zwar nicht mehr in den WG-Zimmern von damals, aber weiterhin nah beieinander in dem Stadtteil, der mit ihnen erwachsen und auch etwas verspannt geworden war.

Mit der Karriere wird es schwieriger, die Kontakte zu Freunden zu halten.

»Mit den Clubs und dem Trinken wurde es irgendwann weniger, vor allem, wenn dann Frauen dabei waren«, sagte Martin. »Mit Mitte 30 hat man auch nicht mehr so viel Lust darauf, um zwei Uhr morgens irgendwo im Nieselregen anzustehen und sich dann vom Türsteher sagen lassen zu müssen, dass man die falschen Sneakers trägt.« So wurde der sonntägliche Brunch in einem der Cafés in der Nachbarschaft zu ihrem neuen regelmäßigen Treffpunkt. »Ein bisschen haben wir uns eingebildet, dass wir nun so wie in der Serie ›Friends‹ leben«, lächelte Martin bei der Erinnerung. »Die Kellner haben sich nie unsere Namen gemerkt. Aber für uns ist der Laden ein bisschen zum Symbol geworden, dass wir hier angekommen sind.«

Der Kontakt zu Freunden von damals, die für ihre Arbeit woandershin gezogen waren, war verflacht. »Natürlich sind wir alle über Facebook in Kontakt, telefonieren auch noch manchmal. Aber wenn man nichts mehr zusammen unternimmt, hat man sich auch nichts mehr zu erzählen.« Ein früherer Mitstudent, der inzwischen Kinder hatte, meldete sich kaum noch. Ein anderer hatte Martins Anfrage auf Instagram – Konto auf privat gestellt – unbeantwortet gelassen, was ihn verletzte. »Vielleicht liegt es daran, dass man an so etwas merkt, wie die eigene Jugend zu Ende geht. Keiner sagt es offen, aber es geht wohl allen so.«

Er hatte schon darüber nachgedacht, was er mit seinen Freunden wirklich gern machen würde – jetzt, da er älter und die Zeit knapper war. »Immer nur essen gehen ist mir zu langweilig«, meinte er. »Unsere Mädels reden am liebsten, wir Männer hätten es eigentlich gern aktiver.« In jüngeren Jahren spielte er Fußball. Das würde er gern wieder aufnehmen, wenn er einen Verein wüsste, dessen Trainingszeiten sich mit seiner Arbeit vereinbaren ließen. Auf dem Heimweg hatte er kürzlich eine Kletterhalle entdeckt, die er sich gern einmal ansehen würde, wenn jemand mitkäme. Ein Arbeitskollege fuhr mit seinen Freunden jedes Jahr eine Woche nach Schweden. »Sie mieten immer dieselbe Hütte, fischen, schwimmen, grillen und trinken zusammen. Würde ich auch gern mal machen. Mal ohne unsere Frauen, die uns sowieso das ganze Jahr ermahnen. Das wäre wirklich ein schöner Kontrast.«

Wenn die Jugend zu Ende geht, musst du dich aktiver selbst um neue Freunde bemühen.

Zuerst aber musste er die Zeit und die Kraft dafür finden: »Ich habe ja jetzt schon genug Freunde, mit denen ich nicht genug unternehme.« Aber er wollte auch nicht akzeptieren, dass ihn die Arbeit so vereinnahmte und er sich am Wochenende nur noch erholen musste, um am Montag wieder halbwegs fit zu sein. Er spürte eine gewisse Dringlichkeit: »Wenn wir erst mal Kinder haben oder ich in der Firma noch eine Stufe rauf rutsche, wird das noch komplizierter. Aber ich will nicht einer dieser Karrieretypen werden, die noch nicht mal mehr einen Kumpel haben.« Das ist nun wirklich traurig, muss nicht sein.

Zum Brunch, da gibt's wenigstens etwas zu reden

Manche Leute gehen nur zum Brunch, damit sie überhaupt noch etwas miteinander zu reden haben. »Wunderbar angerichtet, und das Nussbrot sieht so gut aus! Das müssen wir auch mal zu Hause machen, wir haben doch jetzt diesen Backautomaten. Gab's im Angebot, gar nicht teuer!« – »Ist das wirklich Hummus? Ich hätte echt gewettet, dass das Avocadocreme ist.« – »Dill hat so ein herrliches Aroma, das kenne ich noch von meiner Großmutter. Bin ich froh, dass die Rucola-Phase endlich vorbei ist!« – »Was macht eigentlich deine Gluten-Unverträglichkeit, haben die Globuli geholfen?« Meine Alternativärztin schwört noch immer darauf! Dafür verzichtet man doch gern aufs Ausschlafen und zahlt den Preis eines Mittagessens für ein Frühstück!

Unter Frauen hält sich noch immer das Gerücht, dass Männer am liebsten gar nicht reden würden. Aber das glaubt nur, wer noch nie dabei war, wenn Männer unter sich sind. Wer seinen Partner gelegentlich zum Fußball begleitet, stellt fest, dass er die gesamte Bandbreite der emotionalen Kommunikation bestens beherrscht: begeisterter Jubel, Tränen, spontane Küsse für den Sitznachbarn, Umarmungen, Liebeserklärungen ans Team. Es muss eben berechtigte Gründe geben. Das Beziehungsgespräch (»Wir müssen reden, und es wird nicht angenehm!«) ist es eventuell nicht, das Tor der eigenen Mannschaft auf jeden Fall. Man muss eben wissen, was Priorität hat.

In einer neuen Lebensphase

In unserem Coaching fanden wir gemeinsam heraus, dass Martin einen Anspruch an Freundschaften hatte, der noch dem seiner Jugendzeit entsprach. Damals war er allerdings frei von vielen Verpflichtungen, die ihn heute einschränkten, auch in seiner Persönlichkeit unbeschwerter. Sein Leben hatte sich weitgehend verändert, war durch seine Arbeit und seine Beziehung anspruchsvoller und anstrengender geworden.

Martin wünschte sich, dass alles wie bisher weiterginge. Aber er musste sich eingestehen, dass ihm die Zeit und Kraft dafür fehlten. Sogar eine Selbstverständlichkeit wie ihr gemeinsamer Brunch am Sonntag war inzwischen eine Herausforderung für ihn, was ihn sehr frustrierte. Er hatte den Eindruck, durch die Umstände vor eine Wahl gestellt zu werden: ganz oder gar nicht. Und er sagte immer häufiger Nein zu seinen Freunden, obwohl ihn das selbst am meisten ärgerte.

Ein Abschied von der Jugend

In der Kindheit und Jugend ergeben sich Freundschaften wie von selbst und sind von einer besonderen Intensität. Da ist so vieles, das man erstmals erlebt und gemeinsam mit anderen umso mehr genießt. Bei Martin war es zuletzt der Umzug in eine neue Stadt, das Studium, der Start in den Beruf. Du erinnerst dich sicher an ähnliche Erlebnisse und daran, welche schönen Kontakte sich daraus ergeben haben. Nicht selten halten diese Freundschaften ein Leben lang, begleiten dich diese frühen Erinnerungen ewig. Sie bleiben, auch wenn sich alles andere ändert.

Nach der Ausbildung beziehungsweise dem Studium gehen die Wege aber oft auseinander. Die ersten Berufsjahre, die erste Wohnung, die erste ernsthafte Beziehung und die Familiengründung brauchen enorm viel Zeit, Kraft und Aufmerksamkeit. Vielen gelingt es nur noch selten, ihre Freunde wie bisher zu sehen – und noch weniger, neue Freunde kennenzulernen. Was sich früher so einfach beispielsweise beim Ausgehen ergab, scheint nun viel komplizierter zu sein, wenn man vor allem bei der Arbeit oder zu Hause ist.

Die Veränderungen des Lebens lassen sich verzögern, aber nicht für immer aufhalten.

Martin spürte diese Veränderung und wollte sie aufhalten. Sie stand für das Ende einer Lebensphase voller Freiheiten, zugleich seiner Jugend. Die Bemühungen seiner Freunde, ihn weiterhin einzubeziehen, setzten ihn eher unter Druck, und er hatte sogar das Gefühl, dass er ihnen etwas entgegensetzen musste. Er konnte eigentlich nicht mehr spontan sein, wenn er auf seine Erholung – und auch seine Partnerin – Rücksicht nehmen wollte. Gleichzeitig war das ein Teil seines Lebens, den er nicht kampflos aufgeben wollte, weil er ihm wichtig war.

Nicht jeder ist bereit für das nächste Lebenskapitel

»Es muss das Herz bei jedem Lebensrufe bereit zum Abschied sein und Neubeginne«, meint Hermann Hesse in seinem berühmten Gedicht »Stufen« über die Phasen des Lebens, denen allen ein Zauber innewohne. »Wir sollen heiter Raum um Raum durchschreiten, an keinem wie an einer Heimat hängen.« Er schrieb es als 63-Jähriger, es liegt Weisheit in seinen Worten. Wer aber gerade feststellt, dass er ein Bäuchlein und Geheimratsecken bekommt, ist eventuell noch nicht so weit und will sich erst mal im Sportstudio anmelden und Propecia verschreiben lassen. Vieles hat sich dabei schon verändert.

In der Generation unserer Urgroßeltern war es noch wünschenswert, älter auszusehen, um im Berufsleben ernst genommen zu werden. Die jungen Männer von damals ließen sich lange Bärte wachsen, legten Goldbrillen und schwarze Gehröcke an und bemühten sich um einen gemächlichen, gesetzten Gang. Heute macht man sich eher verdächtig, wenn man mit 35 nicht mehr Videospiele und Skateboarding als seine Hobbys nennt, auf keine Comic-Tattoos oder wenigstens ein »diverses Geschlecht« verweisen kann. Ist man dann überhaupt »agil« genug für das Großraumbüro in der Kreativ-Agentur?

Nicht an der Vergangenheit festhalten

Vom theoretisch wünschenswerten Generationswechsel ist man dummerweise irgendwann selbst betroffen, auch wenn man die eigene Jugend heute großzügig bis Mitte 40 definieren darf. Martins Freunden ging es sicher wie ihm: Freitagabend vor Netflix eingeschlafen, wenn man früher in einer Bar für das Club-Hopping vorglühte. Nach dem ersten Bandscheibenvorfall einen höhenverstellbaren Büroschreibtisch beantragt, für den man sich vorher zu Tode geschämt hätte. Die Bachelor-Arbeit hat man schließlich auch unergonomisch im Bett, in der U-Bahn auf dem Weg zur Uni und am Küchentisch getippt. Alle in seiner Clique hätten sicher gern weitergeführt, was Jugend, Freiheit und Spaß für sie einmal bedeutet hatten. Du kennst das sicher auch aus eigener Erfahrung.

Zwinge dich nicht dazu, deinen Kalender mit Verpflichtungen vollzustopfen.

Es ist allerdings nicht empfehlenswert, ewig an einem einstigen Ideal festzuhalten, wie eine perfekte Freundschaft auszusehen und abzulaufen hat. Sich etwa zu zwingen, weiterhin gewisse Treffen und Vereinbarungen in einen Terminkalender zu pressen, der heute einfach anders aussieht als mit 25. Alle Freundschaften mit gleicher Intensität weiterführen zu wollen, wenn sich die Interessen unbestritten auseinanderentwickelt haben oder es logistisch zu kompliziert geworden ist. Die gleichen Aktivitäten beizubehalten, wenn man inzwischen gar keine Lust mehr darauf hat. Der Wunsch nach Kontinuität und ein bisschen Nostalgie ist nur verständlich, aber Freundschaften entwickeln sich – genau wie man selbst – fortlaufend weiter.

Gemeinsame Aktivitäten verbinden am meisten

Die bessere Strategie ist es, Freundschaften als etwas zu sehen, das sich, wie du, ständig verändern wird. Freunde sind deine Wegbegleiter auf Zeit, genauso wie du ihr Wegbegleiter auf Zeit bist. Was früher wie von selbst lief, solltest du als Erwachsener bewusster auswählen und gestalten, um dir dieses schöne, stärkende Element in deinem Leben zu erhalten. Am besten ist es, Freunde anhand der Aktivitäten zu suchen, die dir sowieso wichtig sind: ein Sport oder Hobby, ein berufliches oder privates Interesse oder Engagement. Damit habt ihr bereits ein verbindendes Element und könnt euch gegenseitig unterstützen. Und es hilft bei wenig Zeit: Du kannst die Dinge kombinieren, zum Beispiel mit einem Freund zum Sport gehen und dort reden.

Manche Freundschaften dürfen auch ausklingen, wenn du das heute für richtig hältst. In vielen Fällen ist es möglich, in einen weniger regelmäßigen und intensiven Kontakt zu wechseln, sich etwa nur noch einige Male im Jahr – Geburtstag, Weihnachten – auf herzliche Weise wieder einmal zu sprechen. Werden dir häufige Telefonate zu viel, darfst du problemlos sagen, dass du inzwischen sehr viel zu tun hast und lieber seltener sprechen oder »locker per WhatsApp« in Kontakt bleiben möchtest. Wenn eine Freundschaft aus bestimmten Gründen für dich gar nicht mehr infrage kommt, ist es auch erlaubt, sie offiziell zu beenden. Das ist nicht angenehm, und du solltest es möglichst höflich und respektvoll erklären. Aber auch hier entscheidest du allein, du bist nicht verpflichtet, weiterzuführen, was sich überlebt hat.

Du bist frei darin, manche Freundschaft, die sich überlebt hat, auch zu beenden.

Ein einfacher Weg, neue Freunde zu finden

Viele Erwachsene tun sich schwer damit, neue Freunde zu finden. Zwar gibt es diverse Kontakt-Apps, die allerdings oft einen klaren Dating-Charakter haben. Ebenso sind Internetseiten für organisierte Gruppenaktivitäten häufig kommerziell. Der einfachste Weg: Unternimm etwas zuerst allein, das dir Freude macht (zum Beispiel einen Sport- oder Sprachkurs oder ein Ehrenamt) und gehe mindestens zwölf Wochen hin. Schau in dieser Zeit, mit wem du ins Gespräch kommst und dich eventuell mal für einen Kaffee oder Drink außerhalb verabreden kannst.

Ein lebendiger Teil deines Lebens

Dass deine veränderte Strategie wirkt, merkst du daran, dass Freundschaften ein lebendiger und vielfältiger Teil deines Lebens sind. Es gibt welche, die dich seit deiner Kindheit oder Jugend begleiten, und welche, die gerade erst hinzugekommen sind. Einige, bei denen ihr auch nach langen Pausen zwischen den Wiedersehen direkt wieder anknüpfen könnt, es noch immer wie damals ist. Und andere, in denen ihr euch gerade erst kennenlernt, vielleicht die erste Auseinandersetzung noch vor euch habt.

Für nichts davon brauchst du perfekte Umstände oder wochenlange Vorplanung. Konzentriere dich auf die Freunde, die zu dir und deinem jetzigen Leben passen. Manchmal reicht ein kurzer Gruß per SMS oder eine spontane Verabredung auf einen Kaffee. Mit anderen verabredest du dich vielleicht regelmäßig oder ihr fahrt sogar gelegentlich gemeinsam weg. Schwierige oder nicht mehr wichtige Freundschaften verlieren dabei an Bedeutung und verschwinden ohne größeres Drama aus deinem Leben.

Fest im Kalender geplant

»Ich werde das zukünftig ein wenig entspannter angehen«, entschied Martin nach unseren Gesprächen. Am Ende des nächsten Brunchs, zu dem er mitging, erklärte er eher beiläufig, dass er wegen seiner Arbeit und den Dienstreisen am Wochenende vieles aufarbeiten und sich ausruhen müsse. Am ersten Sonntag im Monat könne er immer fest dabei sein, an allen anderen Sonntagen wahrscheinlich nur gelegentlich. Dann würde er sich vorab melden oder spontan dazukommen. »Also nicht bei uns klingeln, wir schlafen dann nämlich noch«, sagte er mit einem Zwinkern.

Am besten ist es, mit Freunden beim Sport oder einem Hobby aktiv zu sein.

Seine Freunde verstanden, vielen ging es gar nicht anders. Gleichzeitig nahm Martin sich vor, sich immer donnerstags nach der Arbeit mit einem Freund zu verabreden: Fußball, klettern, etwas trinken gehen oder ins Kino. Er besprach das auch mit seiner Partnerin und blockierte diese Zeit in seinem Kalender. »Stress habe ich im Job, dafür werde ich bezahlt. In meiner Freizeit zahle ich, da mache ich mir keinen Stress mehr!«

Worum es wirklich geht

»Ein Freund, ein guter Freund, das ist das Beste, was es gibt auf der Welt«, verspricht der berühmte Schlager, ursprünglich aus dem Film *Die Drei von der Tankstelle* von 1930. »Ein Freund bleibt immer Freund, und wenn die ganze Welt zusammenfällt!« Er erzählt von drei Freunden, die pleite sind und – nachdem ihnen das Benzin ausgegangen ist – eine Tankstelle eröffnen und sich alle drei in dieselbe Kundin verlieben. Das fasst perfekt zusammen, worum es in Freundschaften geht: Die Krisen des Lebens gemeinsam überstehen, ein spannendes Projekt starten, viel Spaß haben – und immer höllisch aufpassen, dass keine romantische Beziehung die Freundschaft auseinanderbringt.

Eine kleine Übung: Wähle bewusst deine engsten Freunde aus

Es hilft dir also gegen Perfektionismus, wenn du Prioritäten vergibst und sie regelmäßig anpasst. Diese kleine Übung unterstützt dich dabei. Gehe gedanklich alle deine Freunde durch, am besten mithilfe deiner E-Mail-Adressliste oder deines Telefonverzeichnisses. Wähle aus, wem du die meiste Zeit und Aufmerksamkeit widmen möchtest (etwa 3 bis 5 Personen), mit wem du regelmäßig etwas unternehmen möchtest (3 bis 5 Personen) und mit wem nur gelegentlich oder gar nicht mehr. Halte dich bei deinen zukünftigen Planungen, etwa für Verabredungen oder Freizeitaktivitäten, möglichst an diese Reihenfolge.

Check: Welcher Perfektionismus-Typ bist du?

Perfektionismus erschöpft, überfordert und lenkt dich vom Wesentlichen ab. Gleichzeitig kann er dich dazu inspirieren, dass du höchste Qualität erreichst. Finde heraus, welcher Perfektionismus-Typ du bist und was dir weiterhilft.

In einer Reportage über Japan sah ich einmal einen alten Kunstschmied, der seit einem halben Jahrhundert zierliche Gartenscheren anfertigte. Sie schnitten so präzise, dass sie die wertvollen Bonsai-Bäume kaum verletzten. Yasuhiro Hirakawa, so sein Name, arbeitete an jedem Stück bis zu einem Jahr. Jeder Kunde wartete geduldig, bis der alte Schmied ihm vermelden konnte, dass seine Schere nun perfekt sei, und zahlte ihm – je nach Ausführung – dafür umgerechnet bis zu 30 000 Euro. »Nach 50 Jahren denke ich, dass ich endlich anfange, meinen Höhepunkt zu erreichen«, sagte der grauhaarige Mann in dem Film mit einem feinen Lächeln. »Ich weiß nicht, wie sich meine künftigen Produkte entwickeln werden. Aber ich denke immer wieder darüber nach, wie ich sie auch jetzt noch weiter verbessern kann.«

In deinem Leben erlebst du verschiedenste Formen von Perfektionismus.

In diesem Buch geht es vor allem darum, wie du dich von negativen Formen des Perfektionismus befreien kannst. Von denjenigen, die erschöpfen, überfordern und vom Wesentlichen ablenken. Gleichzeitig gibt es, wie du aus eigener Erfahrung weißt, auch positive Formen von Perfektionismus: wenn sich etwa jemand darum bemüht, höchste

Qualität zu erreichen, sei es in seinem Auftreten, in seiner Arbeit oder darin, die Welt zu verstehen.

Wo liegt der Unterschied, und welcher Perfektionismus-Typ bist du? Sicher hast du schon einige Erklärungen für dich gefunden, etwa: »Das ist mein Anspruch an mich selbst«, »Ich glaube, das gibt mir ein Gefühl von Kontrolle« oder »Ich kann Nachlässigkeit nicht ausstehen, das geht total gegen meine Werte«. Dieses Kapitel bietet dir eine systematische Übersicht für mehr Klarheit. Du findest darin die sieben Arten von Perfektionismus: von Stufe 1 (Perfektionismus aus Angst vor Fehlern) bis 7 (Perfektionismus in allen Lebenslagen).

Entscheide anhand der Beschreibungen, wo du dich aktuell einordnen würdest. Beachte dabei, dass es sich immer um eine Momentaufnahme handelt. Jeder ist mal von der Angst vor Kritik getrieben (Stufe 1) und mal offen für die Idee, dass eigentlich jede Situation auf ihre Art perfekt ist (Stufe 7). Je mehr dir die verschiedenen Arten von Perfektionismus bewusst sind, desto leichter kannst du gezielt auswählen, was du selbst möchtest.

Negativer und positiver Perfektionismus

Negativer Perfektionismus ist getrieben von Angst – vor dem Scheitern, vor Kritik und Blamage. Er ist damit zwanghaft und laugt dich aus. Fast immer arbeitet er sich an Dingen ab, die langfristig gar keine Rolle spielen, zum Beispiel an einer E-Mail, die schon bald wieder vergessen sein wird. Positiver Perfektionismus ist getrieben von Leidenschaft – für andere Menschen, für kreative und geistige Leistungen und die Welt insgesamt. Er ist spielerisch und kraftspendend. Er konzentriert sich meistens auf etwas, das langfristig bedeutsam ist, vor allem auf gute Beziehungen zu dir selbst und anderen Menschen.

Stufe 1: Perfektionismus aus Angst vor Kritik

Die erste Stufe ist Perfektionismus aus Angst, etwas falsch zu machen. Große Mühe fließt hier in den Versuch, Fehler und damit Kritik zu vermeiden (»Da darf jetzt nichts schiefgehen!«). Es ist verständlich, persönliche Blamagen verhindern zu wollen, etwa in einem Meeting kritisiert zu werden. Aber trotz aller Anstrengung ist niemand fehlerfrei. So führt diese Art von Perfektionismus dazu, dass du oft von dir selbst enttäuscht bist.

Beispielhafte Lebenssituationen sehen so aus:

- Der Agentur-Mitarbeiter, der in den Meetings lieber nichts sagt, obwohl er gute Ideen hat – aus Angst, kritisiert zu werden, wenn sie vielleicht noch nicht ganz ausgereift sind. »Das wäre mir so peinlich, ich würde vor Scham im Boden versinken.« Er musste inzwischen jedoch feststellen, dass er schon mehrmals bei möglichen Beförderungen übergangen wurde. Die Chefs scheinen ihn kaum wahrzunehmen.
- Die Referentin, die ihre Präsentationen immer noch einmal durchsieht und ändert aus Sorge, dass sie unzureichend sein könnten oder doch noch einen Fehler enthalten. »Das letzte Mal ist mir etwas durchgerutscht, das darf nie wieder passieren.« Dies führt regelmäßig dazu, dass sie zu spät abliefert und ihre Kollegen wegen vieler nachträglicher Änderungen nervt. Sie lebt deshalb im Dauerstress.
- Der Bankkaufmann, der bei Dates immer seine beste Seite zeigen will und daher vor allem sagt, was Frauen seiner Ansicht nach hören wollen. Er vermeidet es sorgfältig, wirklich über sich zu sprechen, von Herausforderungen und Hoffnungen zu erzählen. »Ich will mir keine Chancen verderben, auch nicht als Idiot dastehen.« Er wirkt auf andere deswegen oft langweilig und wenig authentisch.

Typische Erkennungszeichen:

- Du hast ständig die Befürchtung, dass dir ein Fehler oder Missgeschick unterlaufen könnte, was schwere Folgen hat oder dich vor allen blamiert.
- Selbst einfache Aufgaben dauern sehr lange oder verspäten sich sogar, weil du immer noch einmal rangehst.
- Bei umfangreicheren Aufgaben und Projekten verhedderst du dich schnell so im Detail, dass bald das ganze Vorhaben zu scheitern droht.
- Du hältst du dich zurück, ehrlich über dich zu sprechen, oder wartest zumindest lange damit. Du hast Sorge, falsch verstanden und verletzt zu werden.

Was diesen Perfektionismus antreibt: übergroße Angst vor Kritik, insbesondere vor allen anderen.
Effekt auf dich: erschöpfend.
Wie hilfreich für dich: sehr wenig.

Das hilft dir sofort: Gewöhne dir für alle Standardaufgaben an, nur noch so lange daran zu arbeiten, bis das Ergebnis gut genug ist. Gut genug bedeutet, dass du etwas in der Hand hast, das im Normalfall genügt. Beispiel: eine vollständige Präsentation mit den notwendigen Fakten, auch wenn es bessere Bilder gäbe und du sie nur zweimal gegengelesen hast. Das sollte etwa 80 Prozent deiner Leistungsfähigkeit entsprechen und entlastet dich.

Das bringt dich weiter: Entscheide zukünftig für jede Aufgabe anhand konkreter Kriterien, wann das Ergebnis gut genug wäre (wie oben beschrieben) – und wann perfekt. Perfekt bedeutet, dass du keinerlei Verbesserungsmöglichkeiten mehr entdecken kannst. Für eilige oder kurzlebige Aufgaben genügt fast immer »gut genug«. So verschaffst du dir Zeit und Energie, insbesondere um langfristig bedeutsame Aufgaben »perfekt« zu erledigen.

Stufe 2: Perfektionismus, um zu beeindrucken

Die zweite Stufe ist Perfektionismus, um andere zu beeindrucken. Hier strengst du dich sehr dafür an, besser als die anderen dazustehen (»Ich werde mir keine Blöße geben!«). Jeder hat den Wunsch, einen guten Eindruck zu machen. Aber es kostet viel Kraft, das ständig zu kontrollieren und sogar noch als überlegen zu gelten. Diese Form von Perfektionismus führt zu vielen unnötigen Streitereien und Rechtfertigungen.

Beispielhafte Lebenssituationen sehen so aus:

- Der Vertriebsmitarbeiter, der seine Umsatzzahlen betont lässig präsentiert. »Das lief ganz glatt, ich habe mich selbst gewundert!« Dass er um jeden Verkauf gekämpft, mehrere Reklamationen und Beschwerden von der Zentrale abgehalten hat, erwähnt er vor seinen Kollegen nicht. Ihm ist der Eindruck wichtig, dass ihm der Erfolgsdruck überhaupt nichts ausmacht, sondern ihn sogar anspornt.
- Die Abteilungsleiterin, die selbst bei moderater Kritik ihres Vorgesetzten sofort dagegenhält. »Das lasse ich mir nicht nachsagen!« Sie erscheint zu jedem Gespräch mit schriftlich vorbereiteten Argumenten, um jede Aussage sofort belegen zu können. Zwar kann sie damit manche Auseinandersetzung gewinnen, belastet jedoch ihre Beziehungen am Arbeitsplatz und ist deswegen nicht sehr beliebt.
- Die Sekretärin, die bereits seit mehr als zehn Jahren allein lebt und darunter leidet, aber keinesfalls möchte, dass ihre Freundinnen das mitbekommen. Sie stellt ihre Situation als freie Wahl dar: »Ich habe doch euch, meine Hobbys und die Arbeit.« Dass es ihr emotional manchmal nicht so gut geht, macht sie lieber mit sich aus. »Selbst wenn ich mal heulen muss, soll das bestimmt keiner sehen!«

Typische Erkennungszeichen:

- Du bist sehr bestrebt, nach außen immer den besten Eindruck zu machen – ganz unabhängig davon, wie es dir wirklich geht.
- Wenn andere dich kritisieren, fühlst du dich sehr schnell persönlich angegriffen und infrage gestellt, schlägst entsprechend zurück.
- Hervorragende Leistung ist nicht nur dein ständiger Anspruch. Du willst sie auch noch als Selbstverständlichkeit dargestellt sehen (»Das war doch gar nichts!«).
- Oft bemerkst du, dass dich andere nicht richtig wahrnehmen, sondern nur deine »Fassade« sehen.

Was diesen Perfektionismus antreibt: das übergroße Bedürfnis, von anderen bewundert zu werden.
Effekt auf dich: anstrengend.
Wie hilfreich für dich: wenig bis mittel.

Das hilft dir sofort: Überprüfe bei eventueller Kritik immer zuerst, ob es wirklich so gemeint war. Das schaffst du, indem du dich nicht mehr sofort rechtfertigst oder zurückschlägst, sondern offen und interessiert nachfragst. »Wie meinst du das?«, »Was könnte ich anders machen?« Oft wirst du feststellen, dass die vermeintliche Kritik gar nicht dir persönlich galt, und lernst mehr über dein Gegenüber. Damit reduzierst du Konflikte.

Das bringt dich weiter: Bemühe dich darum, die schwierigen, komplizierten Seiten deiner Persönlichkeit und Biografie besser zu verstehen, dich selbst liebevoller und versöhnlicher wahrzunehmen. Es kann dir dabei helfen, wenn du deine Lebensgeschichte einmal zusammengefasst aufschreibst (2 bis 4 Seiten). Du wirst sehen: Du bist vielleicht nicht perfekt, es lief nicht alles ideal. Aber du bist gut genug, dass du so weit gekommen bist.

Stufe 3: Perfektionismus zur eigenen Entlastung

Die dritte Stufe ist Perfektionismus zur Ablenkung und Entlastung. Diese Form hilft dir dabei, eigene Probleme und Schwierigkeiten zu bewältigen (»Wenn der Job schon nervt, muss wenigsten in den Ferien alles perfekt sein!«). Grundsätzlich handelt es sich dabei um eine Form der Selbstfürsorge und Eigenverantwortung. Auf Dauer ist das aber ziemlich anstrengend und teuer (zum Beispiel viele Urlaube, Shopping) und verleitet dazu, das eigentliche Problem niemals grundsätzlich zu lösen.

Beispielhafte Lebenssituationen sehen so aus:

- Die Designerin, die seit Längerem unzufrieden mit ihrer Ehe ist und nach jedem Streit mit ihrem Mann auf seine Kosten shoppen geht. »Wenn mein Mann nicht an mich denkt, muss ich mir eben etwas Gutes tun.« Mit seiner Kreditkarte geht sie in die besten Boutiquen, zur Kosmetik und zum Friseur. Das löst zwar nicht das Problem ihrer Beziehung, tröstet sie aber wieder für einige Tage.
- Der gestresste Manager, der nebenbei für einen Triathlon trainiert und den Eindruck erweckt, das wäre ganz normal. »Ich bin eben gut organisiert, habe mein Sportprogramm und die Apps, um alles zu kontrollieren.« Vor allem hilft ihm das Training dabei, nach Feierabend seinen Frust über die Arbeit zu vergessen. »Ich müsste mir eigentlich längst etwas anderes suchen, aber das Gehalt ist gut.«
- Der Verlaufsleiter einer Drogeriemarktkette, der nach einer unüberlegten Kündigung ohne Arbeit ist und sich von seinem Lebenspartner regelmäßig auf teure Reisen einladen lässt. »Da muss dann aber wirklich alles passen. Ich habe kein Problem damit, den Hotelchef rufen zu lassen, wenn der Service nicht stimmt!« Im Grunde braucht er den Luxus gar nicht, aber die Bestätigung tut gut.

Typische Erkennungszeichen:

- Du verwendest relativ viel Zeit, Geld und Aufmerksamkeit darauf, dich um die schönen Dinge des Lebens zu kümmern, zum Beispiel Reisen, Sport, Einkäufe.
- Zum Großteil machst du das, um dich von einem derzeit nicht lösbaren Problem (ein schwieriger Job, Beziehungsstress) abzulenken.
- Du stellst fest, dass all die Ablenkungen nur begrenzt helfen, dich fast langweilen. Du wirst überkritisch.
- Auf Dauer wird diese Methode immer aufwendiger und teurer, weil es immer mehr braucht, um dich abzulenken. Du stellst fest, dass du zu viel ausgibst.

Was diesen Perfektionismus antreibt: der Wunsch, ein derzeit nicht lösbares Problem zu verdrängen.
Effekt auf dich: wechselhaft.
Wie hilfreich für dich: mittel.

Das hilft dir sofort: Plane deine Alltagsfluchten zukünftig so, dass du dich mehr einbringst. Wenn du den Urlaub zum Beispiel bisher meist im Hotel verbracht hast, miete eine Ferienwohnung und koche einige Mahlzeiten selbst. Das reduziert nicht nur deine Kosten. Es verschiebt deinen Fokus vom Konsum, der möglichst perfekt sein soll, hin zur Kommunikation mit dir und anderen. Du wirst aktiver, gestaltest dein Leben wieder mehr.

Das bringt dich weiter: Freunde dich mit dem Gedanken an, dass es keine perfekte Lösung für dein Grundproblem gibt (zum Beispiel den idealen neuen Job, der alle Kriterien erfüllt). Schreibe dir lieber eine Prioritätenliste: Was ist zwingend, was wäre schön? Aber auch: Wo bist du flexibel, worauf würdest du bei Bedarf verzichten? Damit setzt du dich mit einer realistischen Lösung auseinander, fliehst nicht länger in Ablenkungen.

Stufe 4: Perfektionismus anderen zuliebe

Die vierte Stufe ist Perfektionismus anderen zuliebe, und zwar aus echter Fürsorge und Liebe. Hier bist du sehr darum bemüht, Schwierigkeiten von anderen abzuhalten (»Wenigstens meinem Kind soll es an nichts fehlen!«). Es ist grundsätzlich sehr sinnstiftend und bereichernd, anderen zu einem angenehmeren, leichteren Leben verhelfen zu wollen. Das langfristige Risiko besteht darin, dass du dich dabei selbst verausgabst.

Beispielhafte Lebenssituationen sehen so aus:

- Die alleinerziehende Sachbearbeiterin, die trotz knapper Zeit möglichst immer selbst für ihre Tochter kocht und darauf achtet, regionale Bio-Zutaten zu verwenden. »Meine Kleine soll jetzt nicht darunter leiden, dass es mit meinem Mann nicht ideal gelaufen ist.« Obwohl das Geld knapp ist, kauft sie teures Holzspielzeug, das sie als pädagogisch wertvoller und gesünder als Barbie & Co. empfindet.
- Der Chefredakteur, der auch an hektischen Tagen immer daran denkt, seine Kinder anzurufen, wenn es wieder einmal später wird. »Mein Job bringt völlig unregelmäßige Arbeitszeiten und viel Stress mit sich. Aber ich will meiner Familie so viel Normalität bieten, wie ich kann.« An den Wochenenden vermeidet er es, vor ihnen zu telefonieren, wenn die Redaktion ihn wieder dringend sprechen muss.
- Die Projektleiterin, die seit mehreren Jahren das Familieneinkommen allein verdient, weil ihr Mann mit seiner Idee für eine Selbstständigkeit bisher erfolglos ist. Sie musste bereits ihre Altersvorsorge auflösen, damit es für die laufenden Kosten reicht. Sie wirft das ihrem Mann aber nicht vor, sondern will ihn liebevoll dazu ermuntern, sich auch wieder regulär zu bewerben. »Es ist für uns beide nicht leicht. Zusammen kriegen wir das hin.«

Typische Erkennungszeichen:

- Du bist bestrebt, andere (zum Beispiel deinen Partner, eure Kinder) vor Problemen und Enttäuschungen zu bewahren. Es soll ihnen gut gehen, möglichst an nichts fehlen.
- Dafür nimmst du gern auch große Belastungen auf dich und stellst deine eigenen Bedürfnisse hintenan. Doch regelmäßig bürdest du dir damit zu viel auf.
- Über deine eigenen Sorgen und Bedürfnisse sprichst du nur selten, um andere nicht auch noch damit zu belasten.
- Gelegentlich wünschst du dir mehr Dankbarkeit für deine Bemühungen oder bereust gemachte Zusagen, andere zu unterstützen, weil es nie aufhört.

Was diesen Perfektionismus antreibt: der Wunsch, für andere da zu sein.
Effekt auf dich: sinnstiftend.
Wie hilfreich für dich: mittel bis stark.

Das hilft dir sofort: Wenn du zukünftig für andere da bist, erwähne auch deine eigenen Herausforderungen. Nicht als Vorwurf, sondern als sachliche Information darüber, was du leistest und bewältigst – gern, aber nicht mühelos. Beispiel: den Kindern regelmäßig erklären, was eine Anschaffung gekostet hat und wie lange du dafür gearbeitet hast. Das wirkt dem falschen Eindruck entgegen, dass du alles ganz nebenbei schaffst.

Das bringt dich weiter: Gewöhne dir an, anstehende Aufgaben gemeinsam mit der Person zu erledigen, die (auch) davon profitiert, oder die Verantwortung anderweitig zu teilen. Beispiel: Wenn du in eurer Beziehung bisher immer die Wäsche erledigst, lass das gelegentlich auch deinen Partner machen, obwohl er sich »damit nicht so auskennt«. So befreist du dich davon, für alles verantwortlich zu sein, was du perfekt beherrschst.

Stufe 5: Perfektionismus aus Begeisterung

Die fünfte Stufe ist Perfektionismus, der sich in kreativer Leistung ausdrückt: das Beste erreichen wollen, das unter den gegebenen Umständen möglich ist. Hier geht es um das positive Bemühen, einen selbst gesetzten Anspruch zu erfüllen. Nicht, weil du dazu gezwungen bist, sondern aus Freude daran, etwa aus Liebe zur Qualität oder der Tätigkeit an sich. Diese Form von Perfektionismus ist motivierend und verbindet ein Team durch den gemeinsamen Erfolg mehr als alles andere.

Beispielhafte Lebenssituationen sehen so aus:

- Der Schreiner, der darauf achtet, dass bei jedem Stück, das seine Werkstatt verlässt, auch verborgene Details perfekt gearbeitet sind. »Wahrscheinlich wird der Kunde das nie sehen. Es spielt auch für die Stabilität und Funktionalität keine Rolle. Es ist einfach mein Anspruch an mich selbst.« Er freut sich darüber, so arbeiten zu können, und ist stolz, inzwischen so gut und erfahren zu sein.
- Die Arbeitspsychologin, die ein Unternehmen durch eine schwierige Umstrukturierung begleitet und dafür ein genau durchdachtes Konzept erstellt hat. »Am Anfang war alles völlig chaotisch. Wir haben eine neue Organisation und bessere Abläufe geplant, im Team umgesetzt. Wie alle Ideen jetzt perfekt ineinandergreifen und zusammen funktionieren, ist für mich sehr erfüllend.«
- Der Facharbeiter, der in seiner Freizeit eine Jugendmannschaft im Fußball trainiert. »Es gibt immer auch Rückschläge, aber insgesamt werden wir ständig besser.« Verlieren sie einmal ein Spiel, geht er mit allen gemeinsam durch, was sie aus Fehlern lernen und besser machen können. Manchmal nervt es ihn allerdings, dass er wegen der Trainings zeitlich ständig eingeschränkt ist.

Typische Erkennungszeichen:

- Dir ist es grundsätzlich ein Anliegen, größtmögliche Qualität abzuliefern. Das gilt für berufliche Projekte ebenso wie für persönliche Anliegen (etwa die Beziehung).
- Dabei hat du Freude an der Umsetzung bis ins Detail. Es ist zwar viel Arbeit, aber die Umsetzung beflügelt dich.
- Dein fachlicher und persönlicher Rat wird geschätzt, weil du auch sehr auf charakterliche Integrität und respektvolle Kommunikation achtest.
- Gelegentlich bist du enttäuscht, wenn andere deine Begeisterung nicht teilen, sie zum Beispiel nur wegen des Geldes arbeiten. Diese Haltung ist dir unverständlich.

Was diesen Perfektionismus antreibt: die Freude an Qualität und Leistung.
Effekt auf dich: motivierend.
Wie hilfreich für dich: stark bis sehr stark.

Das hilft dir sofort: Mach dir bewusst, dass nicht alles im Berufs- und Privatleben höchsten Standards genügen und nicht jeder mit größter Leidenschaft beteiligt sein muss. Es gibt immer auch Routine-Aufgaben, bei denen das zwingende Minimum (»gut genug«) ausreicht und um die sich jemand kümmern muss, der sich deswegen nicht gleich unterfordert fühlt. Das reduziert deinen Frust, falls jemand weniger engagiert ist als du.

Das bringt dich weiter: Auch bei größter Liebe zum Detail muss das Verhältnis zwischen Aufwand und Ergebnis stimmen, sonst schadest du dir langfristig. Das gilt insbesondere, wenn du Führungskraft oder sogar Selbstständiger bist. Überprüfe deshalb regelmäßig, ob dein Verständnis von »Qualität« von denen geteilt wird, die dafür bezahlen und eventuell Wartezeiten in Kauf nehmen müssen. So erkennst du, wann es genug ist.

Stufe 6: Perfektionismus im großen Ganzen

Die sechste Stufe ist Perfektionismus, der sich auf das große Ganze bezieht. Dein Wunsch ist es hier, dass alle Menschen – die Menschheit insgesamt – harmonisch zusammenleben, und zwar im Einklang mit der Natur und dem Universum (»Ich sehe trotz allem so viel Schönheit in der Welt«). Diese Form des Perfektionismus gibt dir ein Gefühl der intuitiven Verbundenheit. Andere könnten dich aber auch als etwas weltfremd empfinden.

Beispielhafte Lebenssituationen sehen so aus:

- Die junge Naturwissenschaftlerin, die auf eine mögliche Karriere in einem Konzern verzichtet hat und sich in einer Umweltschutzorganisation engagiert. »Ich habe das Gefühl, dass ich damit einen Beitrag leisten kann, dass es der Welt insgesamt besser geht.« Ihr ist bewusst, dass sie selbst nur begrenzt etwas bewegen wird. Aber sie ist davon überzeugt, dass sie damit wichtige Veränderungen anstößt.
- Der Physiotherapeut, der alle 30 Minuten einen anderen Patienten dabei unterstützt, wieder beweglicher und gesünder zu werden. »Die Bezahlung ist nicht gewaltig, aber ich halte meine Arbeit für sehr sinnvoll. Ich kann Leuten – vom Kind bis zum alten Menschen – mit meinem Wissen und meiner Erfahrung helfen und sie dabei begleiten, ihre eigene Kraft wiederzufinden und aufzubauen.«
- Die Controllerin in einem Industriebetrieb, die in ihrer Freizeit einen Verein leitet, der ein Frauenprojekt in Asien unterstützt. »Auf den ersten Blick ist das dort eine ganz andere Welt. Aber immer, wenn ich da bin, merke ich, wie viel uns doch verbindet und was wir voneinander lernen können.« Bei jedem Einsatz hat sie den Eindruck, dass sie mehr zurückbekommt, als sie gibt. Sie überlegt, eventuell ganz in diesen Bereich zu wechseln.

Typische Erkennungszeichen:

- Du bist davon überzeugt, dass Menschen, Tiere, Pflanzen und das Universum eigentlich perfekt miteinander harmonieren könnten.
- Gleichzeitig sind dir viele Ungerechtigkeiten und Missstände bewusst. Du bist aber bereit, dich aktiv für eine bessere Welt einzusetzen, zum Beispiel durch ein Ehrenamt.
- Du fühlst dich mit anderen auf einer tieferen Ebene verbunden und verstehst sie schnell ohne viele Worte.
- Mit großer Wahrscheinlichkeit bist du spirituell oder religiös interessiert und auch aktiv. Andere empfinden das allerdings oft als abgehoben oder weltfremd.

Was diesen Perfektionismus antreibt: die Sehnsucht nach harmonischer Gemeinsamkeit.
Effekt auf dich: verbindend.
Wie hilfreich für dich: sehr stark.

Das hilft dir sofort: Sei dir bewusst, dass du nicht alle Probleme der Welt allein lösen kannst und musst. Du gibst bereits sehr viel, wenn du nur einen kleinen Beitrag leistest. Damit regst du ein Umdenken an. Sowohl bei denen, denen du hilfst, wie bei denen, die einmal weitere Unterstützer in dieser Sache werden könnten. Erlaube dir deshalb regelmäßige Pausen in deinem Engagement, um dich immer wieder ausreichend erholen zu können.

Das bringt dich weiter: Wenn du deinem Anliegen bisher in deiner Freizeit nachgehst, könntest du überlegen, es zu deinem Hauptberuf auszubauen. Entweder indem du dich bei einer entsprechenden Organisation (Stiftung oder Verband) bewirbst oder eine gründest, etwa einen Verein mit Spendenmöglichkeit. So kannst du deiner Vision von einer besseren Welt mehr Zeit und Aufmerksamkeit widmen, als es dir bisher möglich ist.

Stufe 7: Perfektionismus in allen Lebenslagen

Die siebte Stufe ist Perfektionismus, der sich auf das Leben an sich bezieht: Dein Bestreben ist es hier, dich selbst und alles um dich herum so objektiv wie möglich zu sehen (»Alles hat seinen Sinn und ist perfekt, wie es ist«). Es ist sehr hilfreich, sich bei Bedarf gedanklich aus allen bisherigen Gegebenheiten lösen zu können, um mögliche Optionen ganz klar zu erkennen und neutral zu bewerten. Das ist jedoch immer nur kurzzeitig möglich, auf Dauer wäre es zu unbeteiligt und kühl.

Beispielhafte Lebenssituationen sehen so aus:

- Die Ingenieurin, die sich bewusst bei einem Unternehmen bewirbt, das zwar eine interessante Stelle hat, sich aber gerade in einer Krise befindet. »Mir ist klar, dass es hart wird, ich sogar scheitern könnte. Aber gerade deshalb kann ich mehr lernen, als es unter normalen Umständen möglich wäre.« Sie will dafür drei Jahre bleiben.
- Der Jurist, der erwägt, seine Kanzlei zu schließen. »Sie läuft gut, aber es war immer auch mein Traum, aufs Land zu ziehen und dort eine nachhaltig geführte Pension mit Restaurant aufzubauen.« Er ist noch nicht sicher, ob er es wagen wird, diskutiert die Idee aber intensiv mit seiner Partnerin und arbeitet an einem Businessplan.
- Die PR-Redakteurin, die vor einiger Zeit einen nahen Angehörigen verloren hat. »Eine sehr schmerzhafte Phase in meinem Leben, die mich aber auch offener für die Verluste anderer gemacht hat. Wenn ich meine Erfahrung weitergebe, hat sie trotz allem einen Sinn gehabt.« Sie engagiert sich jetzt in einem Hospizverein.

Typische Erkennungszeichen:

- Dir gelingt es, deine eigene Situation völlig neutral – »wie von außen« – zu beurteilen, losgelöst davon, was du eventuell befürchtest oder dir wünschst.
- Auch mögliche folgenreiche Veränderungen (etwa den Job zu kündigen, den Partner zu verlassen) kannst du gedanklich ruhig durchspielen und bewerten.
- Du bist davon überzeugt, dass jede Lebenslage auf ihre Weise perfekt ist, weil du aus ihr lernen und neue Seiten an dir selbst entdecken kannst.
- Für jede Situation kannst du auswählen, welche Form von Perfektionismus (Stufen 1 bis 6) dir am meisten weiterhilft.

Was diesen Perfektionismus antreibt: die tiefe Überzeugung, dass alles perfekt ist, wie es gerade ist.
Effekt auf dich: befreiend.
Wie hilfreich für dich: maximal.

Das hilft dir sofort: Nimm dir im Alltag regelmäßig kurze Pausen (10 bis 30 Minuten), um gedanklich alles auszublenden, was dich normalerweise beschäftigt. Entscheide selbst, wie: durch eine Meditation, einen Spaziergang, einfach nur still daliegen oder Musik hören, die dich entspannt. Eine derartige Routine macht es dir leichter, Perfektion auch in den Lebenslagen zu erkennen, die für die meisten Menschen als nicht ideal gelten.

Das bringt dich weiter: In beruflichen oder persönlichen Ausnahmesituationen erhältst du einen Einblick in das Leben an sich, wie es im normalen Alltag nicht möglich ist. Wenn du eine ungewöhnliche Situation (etwa eine Krise) erlebst, betrachte deine Lage so, als würdest du eine andere Person beobachten, und notiere deine Gedanken und Einsichten. Im Rückblick wird dir das zeigen, wie wertvoll diese Phase für dich trotzdem war.

Unterschiedliche Motivationen

Das war die Übersicht über die sieben Perfektionismus-Typen. Sie unterscheiden sich vor allem darin, aus welcher Motivation heraus jemand handelt und wie stark er unterscheiden kann, wann sich Perfektionismus wirklich lohnt und machbar ist.

Die Stufen 1 und 2 gehören zum negativen Perfektionismus und sind kraftraubend. Diese solltest du reduzieren, um weniger unnötigen Stress in deinem Leben zu haben.

Die Stufen 3 und 4 sind Mischformen, je nach Situation kraftraubend oder -spendend. Diese solltest du genießen, aber auch in Umfang und Dauer begrenzen.

Die Stufen 5 bis 7 gehören zum positiven Perfektionismus und sind aufsteigend kraftspendend. Diese solltest du erkunden und in deinem Alltag ausbauen.

Welcher Perfektionismus-Typ bist du aus deiner Sicht derzeit?

1	2	3	4	5	6	7

Welcher willst du in drei Monaten im Normalfall sein?

1	2	3	4	5	6	7

Diese Perfektionismus-Typen sind nicht feststehend, also unveränderlich angeboren oder anerzogen. Du kannst deinen negativen Perfektionismus loswerden und zukünftig nur noch dann auf Perfektion achten, wenn du es selbst möchtest und es einen echten Unterschied macht. Die nächsten Kapitel werden dich bei möglichen praktischen Schritten unterstützen.

Du kannst dich immer ändern

Können sich Erwachsene überhaupt noch verändern? Wer kleine Kinder hat, ist da oft schon recht skeptisch: »Meine Zehnjährige hat so einen Dickkopf, da komme ich gar nicht mehr ran!« Wer verheiratet ist, sowieso: »Ich kann gewisse Dinge hundertmal sagen, es ändert sich nichts.« Mancher ist davon überzeugt, dass sich irgendwann ein Kippschalter im Gehirn umlegt: Entwicklung beendet, Änderungswünsche und Updates werden ab sofort nicht mehr eingespielt. Die Wahrheit ist: Andere kannst du wahrscheinlich nicht ändern, das müssen sie selbst tun. Du selbst kannst aber in wichtigen Aspekten (zum Beispiel im Umgang mit Perfektionismus) durchaus anders werden, wenn du das willst. Du kannst deine bisherigen Überzeugungen hinterfragen, neue Dinge ausprobieren, wenn du dir Zeit für all das gibst. Anfangs wirst du kaum bemerken, dass du an bestimmte Themen zunehmend anders herangehst. Doch im Rückblick wirst du irgendwann erkennen, wie weit du gekommen bist.

Warum du nicht so locker bist wie andere

Du kannst dich grundlegend vom Perfektionismus befreien, wenn du dich mit seinen tieferen Ursachen beschäftigst. Oft ist er ein Weg, um mit früheren Verletzungen umzugehen. Doch das geht anders besser.

Wie herrlich wäre es, wenn man seinen Perfektionismus einfach abschalten könnte wie einen schlechten »Tatort«. Genug gesehen von Bremen im Nieselregen, geschiedenen Kommissaren in zerknitterten Trenchcoats und einem Fall, den keiner versteht! Das Leben ist deprimierend genug, jetzt wird das Programm gewechselt. Eine Woche später schaltest du trotz der Enttäuschung wieder ein. Diesmal könnte es doch besser sein! Manchmal hast du sogar Glück, bald darauf schon wieder nicht. Langfristig musst du deshalb ermitteln: Stimmt für dich die Trefferquote oder wird hier unverzeihbar häufig danebengeschossen?

Wenn dich Perfektionismus seit Jahren belastet, lohnt sich die Suche nach Ursachen.

Wahrscheinlich hast du dir schon oft vorgenommen, weniger perfektionistisch zu sein: »Diesmal gehe ich das lockerer an! Es kommt doch wirklich nicht darauf an.« Vielleicht hast du schon einige praktische Tipps ausprobiert, etwa Prioritätenlisten geschrieben, um nicht immer alles gleichzeitig erledigen zu wollen, mit einer App meditiert oder dir vorgenommen, mit geringeren Erwartungen an etwas heranzugehen, das dir eigentlich sehr wichtig ist. Aber irgendwie hat es trotz aller Bemühungen nicht geklappt: Etwas scheint dich beim Perfektionismus zu halten, obwohl dir selbst seit vielen Jahren klar ist, dass er nicht dein bester Partner ist. Was ist es nur, das ihm solche Macht über dich gibt?

Praktische Schritte, wie du viele bereits in diesem Buch gefunden hast, sind ein wichtiger erster Schritt, um dich in deinem Alltag vom Perfektionismus zu lösen. Doch grundlegend befreist du dich von ihm, wenn du auch seine tieferen Ursachen ergründest. Was lässt dich dermaßen hohe Ansprüche an dich, an andere und das Leben an sich stellen, dass sie unerfüllbar sind? Für die meisten Menschen ist es ein langer, vorsichtiger Prozess, sich damit auseinanderzusetzen – ein Herantasten auch an die schwierigen Seiten und frühen Herausforderungen ihrer Kindheit und Jugend.

Der Blick zurück in deine Biografie ist nicht immer leicht, lohnt sich aber.

Nimm dir dafür die Zeit, die du brauchst, und sei geduldig mit dir selbst. Auch das gehört dazu, wenn du dich vom Perfektionismus verabschiedest: Du findest dein eigenes Tempo und entscheidest selbst, was für dich in deiner aktuellen Lage hilfreich und verträglich ist. Dieses Kapitel soll dich dabei unterstützen, deine persönlichen Gründe für deinen Perfektionismus zu reflektieren und zukünftig freier davon leben zu können.

Wer sich zurückgesetzt fühlt, kämpft um Anerkennung

»Meine Mutter hat ständig Bemerkungen über mein Aussehen gemacht, die mich bis heute verletzen, obwohl ich darüberstehen sollte«, sagte mir eine Klientin mit zwei Studienabschlüssen, die bei einem wissenschaftlichen Institut arbeitet. »›Bohnenstange‹, ›Strich in der Landschaft‹ und Ähnliches, weil ich als Teenager sehr dünn war. Dazu immer Vergleiche mit meiner Schwester, die ein viel weiblicherer Typ ist. Wenn ich mich darüber beklagt habe, hörte ich nur, das wäre doch Spaß. Ich solle mich nicht so anstellen, mir lieber an meiner Schwester ein Vorbild nehmen.«

Erst mit Mitte 30 – nach mehreren gescheiterten Beziehungen – wurde ihr klar, wie sehr das ihr Selbstwertgefühl beschädigt hatte: »Da habe ich auf einmal auch verstanden, warum ich all die Jahre immer darum gekämpft habe, zumindest im Studium und später im Beruf perfekt zu sein. Ich wollte auch etwas zu bieten haben, für das ich von allen anerkannt werde.«

Die Motive ihrer Mutter, die inzwischen gestorben war blieben ihr ein Rätsel: »Ich weiß nicht, ob sie mich auf die falsche Art motivieren wollte, mehr aus mir zu machen, oder nur mit sich selbst unzufrieden war. Ich habe es nie herausbekommen.« Sie schrieb ihre Trauer, Wut und Enttäuschung in einem letzten Brief an ihre Mutter nieder, was sie als befreiend empfand, und nutzte eine Therapie, um das Thema für sich abzuschließen.

Zu früh selbstständig

Ganz anderes erlebte es eine junge Frau, deren Bruder seit einem Unfall im sechsten Lebensjahr auf dauerhafte Hilfe angewiesen war. »Meine ganz Kindheit war davon geprägt. Erst war er ewig im Krankenhaus. Dann mussten sich unsere Eltern zu Hause abwechselnd um ihn kümmern. Sein Zimmer umbauen, ihr Leben nach ihm ausrichten. Für mich blieb nicht viel übrig, so sehr sie sich auch bemühten.« Sie verbrachte ihre freie Zeit oft allein, suchte sich später selbst eine Ausbildungsstelle als Marketing-Assistentin und zog direkt mit 18 in eine eigene Wohnung.

Persönliche Stärke ist oft das Ergebnis, wenn du ungefragt stark sein musstest.

»Ich wurde immer gelobt, wie stark und selbstständig ich sei. Auch von meinen Eltern, die das sehr anerkannten. Darauf war ich stolz«, erinnerte sie sich. »Später setzte sich das so fort. Ich habe mich ständig um alles gekümmert. Im Job die ›Powerfrau‹, die nichts umhaut und immer gute Laune hat, aber auch privat. Im Rückblick sehe ich, warum sich meine Partner immer übergangen und entmündigt gefühlt haben. Da gab es oft ziemlich heftige Konflikte.«

Sie suchte das Gespräch mit ihren Eltern, was ihr sehr half: »Ohne Vorwürfe, aber ich musste es einmal aussprechen. Ich habe mich oft zurückgesetzt gefühlt. Und eigentlich wollte ich nicht immer stark sein, musste aber.« Heute betrachtet sie das, trotz allem, als einen Vorteil: »Es hat mir geholfen, erfolgreich zu sein. So schnell schreckt mich kein Problem ab. Im Grunde habe ich auch vor nicht mehr viel Angst im Leben.«

Überlastet mit Verantwortung

Ein Klient – ein pensionierter Anwalt, der noch ehrenamtlich als Vorstand in einem Verein aktiv ist – erlebte während seiner Schulzeit, dass beide Elternteile gleichzeitig schwer erkrankten: »Wenn ich vom Unterricht kam, war keiner zu Hause. Ich habe mir selbst etwas zu essen gemacht, bin dann ins Krankenhaus. Heute wäre es undenkbar, dass das Jugendamt nicht eingeschaltet wurde. Damals war das anders, nur eine Tante half ein bisschen.« Sein Vater starb, seine Mutter blieb pflegebedürftig: »Ich musste von früh an alles selbst organisieren – für mich und meine Mutter gleich mit. Auch später habe ich ständig für alle die Verantwortung übernommen, weil ich es gar nicht anders kannte. Ich musste lernen, mich zu bremsen, um mich nicht völlig zu erschöpfen.« Ihm half das Ehrenamt, in seiner Lebensgeschichte Sinn zu finden, weil er seine Erfahrungen an andere in ähnlichen Situationen weitergeben konnte.

Schwierige Situationen bewältigt

Perfektionismus ist oft die Fortsetzung eines Bemühens, eine schwierige Lebenssituation zu bewältigen. Wer kämpfen musste – um Anerkennung, Erfolg, das blanke Überleben –, legt das vielfach nicht ab, wenn es später einmal gar nicht mehr ständig notwendig ist. Die Ursache ist, wie du an den Beispielen gesehen und vielleicht selbst ähnlich erlebt hast, nicht immer der böse Wille anderer, sondern Umstände, die keiner so gewollt hat. Du kämpfst um etwas, das längst in der Vergangenheit liegt.

Ein schwieriger Lebensweg verdient Mitgefühl und Verständnis. Er ist kein Grund für Scham, sondern für Stolz und Dankbarkeit: Du hast größere Herausforderungen als die meisten anderen überstanden und das Beste getan, das dir unter den gegebenen Umständen möglich war. Dadurch hast du mehr erfahren, gesehen und gelernt als andere. Es ist langfristig sehr befreiend und eine Erleichterung, wenn du offener darüber sprichst. Vielleicht zunächst nur für dich (zum Beispiel in Form von biografischen Notizen), wenn du dich später bereit fühlst, auch mit anderen.

Ein schwieriger Lebensweg hat dich gleichzeitig stärker und einsichtiger gemacht.

Du bist niemals allein

Die Erinnerung an schwierige Zeiten und schmerzhafte Erlebnisse kann überwältigend sein, auch wenn sie langfristig heilsam ist. Sei dir bewusst, dass du das nicht mit dir allein ausmachen musst. Du findest professionelle Unterstützung bei Therapeuten, Coaches, Seelsorgern und in Gesprächs- und Selbsthilfegruppen. Viele Menschen haben Ähnliches wie du erlebt und verstehen deine Situation. Hab Mut und sprich mit Vertrauenspersonen über das, was dich wirklich beschäftigt. Partner, Verwandte und gute Freunde können ebenfalls oft gute Zuhörer sein und helfen, Erinnerungslücken zu schließen, oder berichten, wie sie die Situation wahrgenommen haben.

Keine Angst mehr vor Kritik, Blamagen und möglichen Konsequenzen

Es lohnt die Mühe, die tieferen Gründe für deinen Perfektionismus zu erforschen, um sie zu verstehen und ihnen so ihre Macht zu nehmen. Dieser Prozess braucht seine Zeit und folgt deinem persönlichen Tempo. Gleichzeitig kannst du dich aber schon mit einzelnen Aspekten beschäftigen, die dich besonders belasten, etwa Angst vor Kritik, Blamagen oder möglichen unabsehbaren Konsequenzen. Nachfolgend findest du einige bewährte Strategien dafür – und Empfehlungen für den akuten Notfall.

Empathie senkt Angst vor Kritik

Häufig hört man den gut gemeinten Rat, man solle Kritik »einfach nicht persönlich nehmen«. Aber wie denn, wenn man gerade etwas Ähnliches gehört hat wie: »Das war echt eine Katastrophe! Du bist wirklich zu nichts zu gebrauchen«? Gleichzeitig stimmt die Empfehlung grundsätzlich: Wer wenig oder keine Angst vor Kritik hat, entscheidet und lebt freier. Die Meinungen anderer haben weniger Gewicht. Es hilft dir, wenn du mit Kritik rechnest und grundsätzlich unterscheidest, was eine hilfreiche Rückmeldung ist – und was ein verletzender persönlicher Angriff, den du möglichst nicht an dich rankommen lässt.

Dein Ausweg: Versuche, dich immer in deinen Kritiker und seine Lage einzufühlen, auch wenn er dein Chef oder ein Elternteil ist, also jemand, den du respektierst oder gar ein wenig fürchtest. Was er zu dir sagt und wie er sich ausdrückt, verrät dir viel über seine Situation und Verfassung. Hat er vielleicht selbst am meisten Angst, ist er überlastet oder erschöpft? Wenn du genau hinschaust und zuhörst, wirst du feststellen, dass vieles an der Kritik gar nichts mit dir zu tun hat. Das heißt nicht, dass du alles widerspruchslos hinnehmen sollst. Aber vieles relativiert sich oder ist wirklich nicht so gemeint, wie es erst klang.

Im Notfall: Stimme berechtigter Kritik erst einmal zu, ohne dich sofort erklären oder rechtfertigen zu wollen. »Das stimmt, das war nicht korrekt«, »Ja, das hätte anders laufen sollen.« Das verblüfft dein Gegenüber fast immer, denn normalerweise erwartet er Widerstand und ist auf Streit oder eine Diskussion vorbereitet. Er kann den Vorwurf noch einmal wiederholen, aber nicht viel mehr. Du hast ihn ja bereits bestätigt. Bei einem späteren Gespräch lässt sich besser im Detail sprechen. Dann ist die Situation für beide weniger emotional, klingt die Kritik oft schon differenzierter und wird deine Sicht besser gehört.

Angst vor Blamagen oft übertrieben

Viele Leute berichten, dass sie manchmal den merkwürdigen Traum haben, nackt vor ihrer früheren Schulklasse, den Kollegen oder einer fremden Menschenmenge zu stehen. Wer eine Strandfigur hat, ist da natürlich schon einmal im Vorteil. Die Traumdeutung bietet dafür ganz gegensätzliche Erklärungen an. Solch ein Traum kann ein Zeichen von unterdrückter Scham und Verletzlichkeit sein. Oder aber den Wunsch ausdrücken, sich zu zeigen und gesehen zu werden, wie man ist. Die Bewertung davon, wie blamabel diese Vorstellung ist, hängt also davon ab, ob man sich ertappt oder – im positiven Sinn – wahrgenommen fühlt. Dann ist die Vorstellung befreiend und aufregend.

Dein Ausweg: Erinnere dich daran, dass die meisten Menschen mit sich selbst und ihren eigenen Sorgen beschäftigt sind. Wenn du einen Fehler machst, zum Beispiel in einer Präsentation versehentlich einige Folien überspringt, wird es den meisten gar nicht auffallen. Sie spielen nämlich gerade mit ihrem Handy, sind gedanklich woanders oder vermuten, dass das deine Absicht war. Du selbst misst derartigen Situationen am meisten Bedeutung bei. Geh künftig gelassener davon aus, dass sich die anderen eher mit sich und ihren eigenen Problemen als mit dir befassen. Entspann dich: Es sind niemals alle Blicke auf dich gerichtet.

Im Notfall: Du darfst eine peinliche Situation immer verlassen, du musst dich nicht in die Enge treiben lassen. In einem Meeting kannst du antworten: »Dazu kann ich erst etwas sagen, wenn ich mich noch einmal im Detail vergewissert habe. Bitte lassen Sie uns später noch einmal sprechen.« Wenn man dich drängt: »Nein, wirklich. Da muss ich einmal kurz nachdenken, wie ich das am besten ausdrücke.« Bei einem Telefongespräch oder einer Videokonferenz kannst du als Ausweg auch einmal »versehentlich« auflegen oder technische Probleme vortäuschen (»Ich höre Sie ganz schlecht, ich melde mich gleich bei Ihnen zurück.«)

Angst vor Konsequenzen sachlich prüfen

»Wenn du denkst, du denkst, dann denkst du nur, du denkst«, hat es Juliane Werding in ihrem Schlager schön zusammengefasst. Man kann es mit dem Denken auch übertreiben, irgendwann bringt dich das Grübeln nicht mehr weiter. Das gilt insbesondere für unendliche Runden aus Befürchtungen, was alles schiefgehen und passieren könnte. Wenn dir in deinem eigenen Gedankenkarussell schwindlig wird, ist es Zeit auszusteigen. Wie beim Karussell sind einige Runden an Überlegungen ganz schön, aber irgendwann ist genug, sonst wird dir davon übel.

Dein Ausweg: Gewöhne dich an den Gedanken, dass jede Entscheidung unweigerlich ihre Risiken hat. Die einzige Alternative wäre ewige Stagnation. Du wirst nie alle Informationen kennen, nie alle Aspekte durchdenken und vorausahnen können. Wer führt, setzt sich diesem Risiko bewusst aus und konzentriert sich darauf, eventuelle Risiken möglichst früh zu erkennen und ihre Folgen zu mildern. Das ist nicht immer angenehm, aber immer noch besser, als jede Entscheidung zu vermeiden. Denn dann übernehmen andere, und du reagierst nur noch passiv.

Im Notfall: Wenn dich bei einer fälligen Entscheidung wieder einmal die Angst vor möglichen Konsequenzen packt, stelle dir diese drei Fragen: 1. Was könnte im schlimmsten Fall passieren? 2. Wie wahrscheinlich ist es, dass dieser Fall eintritt? 3. Was würde ich dann tun, um mit den Folgen umzugehen? Diese Überlegungen nehmen nebulösen Befürchtungen ihre lähmende Macht. Du prüfst, wie realistisch sie sind, und durchdenkst vorab, was du im Notfall tun würdest. Das stärkt deine Selbstsicherheit und deine Zuversicht, dass du das bewältigen könntest.

Generell stärker fühlen

Selbst die modernen Prinzessinnen haben ihre schwachen Momente. Elsa aus dem Disney-Film *Frozen* galt als mitschuldig an einer familiären Tragödie, zu kalt und abweisend sowieso. Sie musste sich – Frau von heute – ihren Palast erst selbst bauen, ehe sie endlich vom Volk anerkannt wurde. Ein bisschen hat ein Mann mitgeholfen, außerdem ein Rentier und ein Schneemann. Aber am Ende blieb doch alles an ihr hängen. Sie hat ihre schwachen Momente jedoch überwunden, wie es noch jede Heldengeschichte voraussetzt. Du kannst das auch: stark sein mit Schwächen. Ein Happy End ist auch für dich drin!

Dein Ausweg: Beschäftige dich genauer mit deinen Stärken und überlege, welche Vorteile deine vermeintlichen Schwächen haben könnten, auch wenn sie dich derzeit oft ärgern. Vielleicht empfindest du dich als zu nachgiebig, aber gleichzeitig bist du damit auch kompromissfähig und flexibel. Vielleicht ruhig, damit aber auch aufmerksam und empathisch. Es hängt immer von der Situation ab. Wenn du deine Eigenheiten neutral annimmst, anstatt sie weiterhin in »gut« und »schlecht« zu sortieren, hat das einen besonderen Vorteil. Du versuchst nicht mehr, ein anderer Mensch zu werden. Das funktioniert sowieso nicht. Sondern du wirst sensibler dafür, wer du bist, wer zu dir passt und in welchen Umgebungen (etwa in welcher Art Firma) du dich wohlfühlst. Du wählst deine beruflichen und privaten Beziehungen bewusster aus – nach dem, was dir wirklich guttut.

Im Notfall: Schreibe dir eine ermutigende, aufbauende Ich-Botschaft auf einen Zettel. Zum Beispiel: »Ich bin viel stärker, als ich oft selbst glaube« oder »Ich muss keine Angst haben, denn ich kann alles schaffen«. Lies sie dir mehrmals täglich durch, vor allem vor Situationen, in denen du dich schwach fühlst und kurz durchatmen musst (zum Beispiel vor einem schwierigen Meeting oder einem Gespräch, vor dem du Angst hast). Solch ein persönliches Mantra stärkt auf Dauer dein positives Selbstbild und gibt dir Kraft in den Momenten, in denen du sie besonders brauchst. Gleichzeitig wirkt es beruhigend, senkt deinen Stress.

Das perfekte Leben ist oft eine echte Enttäuschung

Eine ganz andere Situation ist es, wenn Perfektion in enttäuschten Erwartungen wurzelt: Du hast viel erreicht, dir vielleicht sogar deinen Lebenstraum erfüllen können. Nur um am Ziel festzustellen: Es ist überhaupt nicht so, wie du es dir vorgestellt hattest! Du bist nicht glücklich und zufrieden, obwohl du es sein solltest, wie dir alle anderen einreden. Hier ist die Versuchung groß, sich noch mehr anzustrengen, um so eventuell ein befriedigenderes Ergebnis zu erreichen. Das ist selten eine gute Idee. Statt »mehr vom Gleichen« ist ein Kurswechsel sinnvoller.

Enttäuschte Erwartungen

Eine Klientin, gelernte Bürokauffrau, hatte mit Ende 20 alles erreicht, was sie sich einmal erträumt hatte. Ihr Mann, ein sehr gut bezahlter Manager bei einem Medienkonzern, vergötterte sie. Sie hatten ein großes Haus mit Garten in einer gefragten Gegend gekauft, danach zwei Töchter bekommen. »Aber jetzt, wo ich das habe, muss ich sagen: Es macht mich überhaupt nicht glücklich«, meinte sie. »Mein Mann ist den ganzen Tag im Büro in der Stadt und kommt abends gestresst heim. Ich habe meinen Beruf aufgegeben und verbringe den ganzen Tag mit zwei Kindern in einem Vorort, in dem ich niemanden kenne. Ich habe zwar ein Auto, aber keine Freunde.« Sie nahm schließlich, obwohl sie das Geld nicht brauchte und ihr Mann anfänglich davon nicht begeistert war, eine Halbtagsstelle sowie ein Ehrenamt an, sobald die Kinder in eine Kita konnten. »Ich will ein eigenes Leben haben, und das muss gar nicht immer nur bequem sein.«

Manche Ziele werden immer reizloser, je näher man ihnen kommt.

Ein Freund hatte nach mehreren Bewerbungen eine Stelle bei einem Technologie-Unternehmen bekommen, das regelmäßig unter die besten Arbeitgeber gewählt wurde. »Ich habe seit meinem Studium darum gekämpft, dort genommen zu werden. Mein Vater war selbst ein hervorragender Ingenieur. Er hat mir sofort zugeraten und mich auf dem Weg immer unterstützt«, sagte er. »Aber es sah von außen besser aus, als es ist. Ich darf fast nichts entscheiden, muss immer auf das Okay von der Zentrale in den USA warten. Die Arbeit ist, ehrlich gesagt, oft recht unspektakulär, auch wenn alle immer viele Worte darum machen. Da hätte ich bei jedem regionalen Mittelständler mehr Freiheit.« Er kündigte noch in der Probezeit, obwohl ihm seine Eltern und Freunde dringend davon abrieten, und wechselte zu einem regionalen Startup. »Ich verdiene deutlich weniger, aber es ist aufregend und motivierend. Diese Firma kennt zwar keiner, aber ich fühle mich wieder so lebendig wie zu Beginn meiner Karriere.«

Abschließen mit später Reue, Irrtümern und Torschlusspanik

Wer in seinem Leben erfolgreich geworden ist – durch eigene Leistung, durch Glück oder Zufälle –, stellt manchmal verblüfft fest, dass er damit gar nicht glücklich ist. Mag aber kaum darüber klagen. Denn ist das nicht komplett dekadent, sich nicht über die Villa und den Sportwagen zu freuen, weil man lieber ein Häuschen auf dem Land und einen Traktor auf dem Feld daneben hätte? »Eine Million Mädchen würden für diesen Job töten«, hört die neue Assistentin in *Der Teufel trägt Prada*. Sie muss erst in Chanel und auf Manolo Blahniks durch die Hölle gehen, ehe sie versteht: mag sein, sie aber nicht. Wenn dein Leben anderen als perfekt erscheint, du aber unzufrieden bist, ändere es.

Du darfst deinen Erfolg genießen

Im Januar 1946 wurde Eduard VIII. der neue König von Großbritannien, Irland und aller Kolonien sowie Kaiser von Indien. Wer würde sich nicht über all die neuen Schlösser, Kronen und Südseeinseln freuen? Doch Eduard hatte andere Pläne. Er wollte gegen alle Regeln eine zweifach geschiedene Amerikanerin heiraten. Also dankte er – kurz nach der Probezeit – im Dezember des gleichen Jahres ab. Er heiratete seine Geliebte, sie waren 35 Jahre zusammen und bauten sich ein neues Schloss in Kalifornien. Da war er nicht nur glücklicher, sondern hatte auch besseres Wetter!

Dein Ausweg: Du hast dich nicht geirrt oder völlig umsonst angestrengt, wenn du feststellst, dass ein erreichtes Lebensziel (zum Beispiel ein Traumjob oder neuer Wohnort) nicht so ist, wie du es dir vorgestellt hattest. Sondern: Es ist ein Zeichen von neuer Erfahrung und Einsicht. Du hast es nun selbst erlebt und kannst es besser einschätzen, kennst auch dich besser als zuvor. Zunächst einmal darfst du diesen Erfolg ganz ohne Reue genießen, also die Vorteile nutzen, die du dir erarbeitet hast. Dich danach aber auch frei genug fühlen, dir ein neues interessantes Ziel zu suchen. Du hast dich bereits weiterentwickelt.

Im Notfall: Überlege dir gut, von wem du Ratschläge annimmst. Wohlmeinenden Eltern, Partnern und Freunden fehlt oft die Erfahrung, die du hast. Fast immer raten sie dir: »Das kannst du doch nicht aufgeben«, »Nach all dem, was du dafür gemacht hast«, »Andere wären froh, wenn sie das hätten«. Nur passt das eventuell überhaupt nicht zu dir. Kümmere dich besser um einen Mentor: eine Person, die erfolgreich, aber auch mutig war, zum Beispiel trotz eines guten Vertrages den Job gewechselt hat. Gespräche mit ihr ermutigen dich, selbstbestimmter zu denken.

Nicht einsperren lassen
Goldene Käfige haben unbestritten ihre Vorteile. Sie sind wertvoll, glänzen, und wer darin sitzt, wird von allen beneidet. Ob das, von innen gesehen, auf Dauer reizvoll ist, muss jeder selbst entscheiden. Einige Zeit ist das sicher ganz schön, steigert das allgemeine Ansehen und persönliche Selbstwertgefühl. Aber 30 Jahre oder gleich bis zur Rente? Mancher denkt: »Jetzt habe ich so lange gebraucht, bis ich hier drin gelandet bin. Da flattere ich freiwillig nie wieder raus!« Das Türchen zur Freiheit ist aber, wenn du dich anders entscheiden willst, immer nur angelehnt. Lass dich nicht einsperren, nur weil der Käfig schön aussieht.

Dein Ausweg: Ein erreichter Erfolg, zum Beispiel deine berufliche Position oder dein derzeitiger Lebensstandard, verpflichtet dich nicht dazu, ihn ewig weiterzuführen oder immer noch zu steigern, wenn du das nicht willst. Du kannst ihn ebenso als glückliche Gelegenheit sehen, dir damit einen anderen Traum zu erfüllen. Wenn du beispielsweise einige Jahre einen gut bezahlten, aber sehr stressigen Job hattest, kannst du dich einfacher mit den Ersparnissen und deinen Erfahrungen selbstständig machen – und leichten Herzens auf die weitere Konzern-Karriere verzichten. Gestatte dir, in jeder Lebensphase frei zu bleiben.

Im Notfall: Wenn du das beklemmende Gefühl hast, dass du festsitzt, etwa wegen der Kinder oder der Hypothek, hilft dir eine sachliche Bestandsaufnahme. Was ist zumindest für eine gewisse Zeit (beispielsweise bis die Kinder in die Kita gehen) zwingend, was eigentlich nicht? Fast immer stellst du fest, dass du selbst jetzt schon einiges verändern kannst. Löse dich von dem Gedanken, dass du 20- oder 30-Jahres-Pläne durchhalten musst, wenn der Hauskredit so lange läuft oder die Kinder idealerweise erst auf der Uni sein sollen. Du kannst, musst das aber überhaupt nicht. Nimm dir nie selbst alle Beweglichkeit.

Kein Grund zu Torschlusspanik

Im Berufsleben ist der Jugendwahn inzwischen so weit fortgeschritten, dass man seine erste Führungsposition am besten schon mit 25 hat, um nicht kurz darauf schon wieder als zu alt zu gelten. Zwei Studienabschlüsse, vier Praktika und zehn Jahre Berufserfahrung wären zu diesem Zeitpunkt aber schon ideal.

Uneinig sind sich die Personalexperten bisher nur noch in der Frage, ob man mit 45 selbst kündigen oder sich freiwillig für eine »Doppelspitze« anbieten sollte. Irgendwo müssen die vielen offenen Chef-Stellen ja herkommen, die alle nachrückenden Berufseinsteiger unbedingt anstreben sollen.

Dein Ausweg: Stell dir dein Leben langfristig und mit verschiedenen Phasen vor. Du wirst und kannst immer wieder einmal etwas anderes machen. Es ist heute nicht unrealistisch, 100 Jahre alt zu werden und sich lange guter Gesundheit zu erfreuen. Selbst mit 65 hast du also noch ein Drittel deines Lebens vor dir, kannst sogar einen neuen Beruf erlernen oder eine kleine Unternehmung starten, wenn du möchtest. Lass dir deshalb nicht einreden, dass es für etwas zu spät sei oder du ewig den gleichen Kurs weiterfahren musst. Du entscheidest, was jetzt zu dir passt!

Im Notfall: Als Perfektionist vergleichst du dich wahrscheinlich vor allem mit den wenigen, die eine absolut außergewöhnliche Entwicklung hinter sich haben, die es ganz nach oben geschafft haben. Gehe gelegentlich aber auch einmal in Gedanken durch, was deine Mitschüler, Kommilitonen oder Freunde aus der Ausbildung heute so machen. Du wirst sehen, dass sich die Lebenswege ganz unterschiedlich entwickelt, berufliche und private Hochs und Tiefs sich abgewechselt haben. Die meisten werden nicht das Leben führen, das sie sich einmal ausgemalt haben, aber es insgesamt gut finden. Du darfst entspannt sein.

Perfektionismus kann zahlreiche Ursachen haben, manche liegen viele Jahre zurück, prägen dich aber bis heute. Einige der erwähnten Beispiele haben dich vielleicht direkt angesprochen, oder es war bei dir noch einmal ganz anders. Nimm dir die Zeit für deine persönliche Entdeckungsreise, das Ziel lohnt sich.

Eine kleine Übung: Schreibe einen Dankesbrief an dein früheres Selbst

Du hast gelesen, dass du dich vom Perfektionismus befreien kannst, wenn du innerlich mit dem abschließt, was dich seinerzeit zu ihm geführt hat. Diese kleine Übung hilft dir dabei. Nimm dir ein Kinder- oder Jugendfoto von dir, schau es dir noch einmal genau an und schreibe dann einen Brief an dein früheres Selbst. Versuche dich beim Schreiben an deine damaligen Gedanken und Gefühle zu erinnern, vermerke aber auch, wie du die Person auf dem Foto heute siehst. Erkenne dabei deine damaligen Leistungen an (etwa: »Du warst sehr tapfer, auch wenn es wirklich nicht leicht war«). Bedanke dich für die Stärke und Hilfe auf dem Weg in dein heutiges Leben. Verabschiede dich mit: »Vielen Dank für alles, was du damals für mich gemacht hast. Jetzt brauche ich dich nicht mehr, sondern übernehme selbst.« Den Brief kannst du aufbewahren oder vernichten, wenn er seinen Zweck erfüllt hat.

Verletzlichkeit erlaubt dir, wahre Stärke zu erleben

Perfektionismus ist fast immer der Versuch, sich vor Verletzungen durch Kritik, Blamagen oder Enttäuschungen zu schützen. Du befreist dich davon, wenn du erkennst, dass du diesen Schutz gar nicht mehr brauchst. Verletzlichkeit kann deine Stärke werden.

Kleine Schwächen gibt jeder offen zu. In einer Folge der Sat-1-Datingshow »Schwer verliebt« gestand ein Teilnehmer der Frau seines Herzens: »Also, ich fand dich schon immer attraktiv. Vor allem deine Barbie-Sammlung hat mich sehr interessiert, weil ich ja selbst etwas sammle.« Sie: »Was sammelst du denn?« Er: »Puzzles, und das mache ich auch sehr gerne.« Sie: »Und wie lange machst du das schon?« Er: »Seit meinem fünften Lebensjahr.« Sie: »Also hast du auch früh angefangen!« Er bestätigt: »Ich habe sehr früh angefangen und mich langsam hochgearbeitet.« Sie: »Und wie viele Puzzles besitzt du jetzt?« Er nach kurzem Zögern: »Fünf.« Für manche bleibt das so: der Partner als ewiges Rätsel!

Niemand spricht gern offen über das, was er nicht hat oder nicht kann.

Bei größeren Schwachstellen wird es schon etwas schwieriger. Eine frühere Nachbarin war eines Nachmittags recht beschwipst, ihre beiden Kinder ebenso. Es stellte sich heraus, dass sie für alle versehentlich Apfelwein statt Apfelsaft gekauft hatte – nur anhand des Bildes auf dem Flaschenetikett ausgewählt. Sie konnte nämlich, was sie bisher allen verschwiegen und gekonnt überspielt hatte, gar nicht lesen. Es war der jungen Mutter immer peinlich gewesen, das zu erwähnen, obwohl sie niemand dafür verurteilt hätte. Nach dem Zwischenfall belegte sie einen Kurs für Erwachsene, und ich hoffe, er hat das Problem für sie gelöst.

Keiner ist perfekt, aber Perfektionisten strengen sich jeden Tag enorm an, um eventuell doch das Gegenteil zu beweisen. Keiner soll hinter ihre Fassade blicken. Was, wenn sie als die Menschen wahrgenommen würden, die sie wirklich sind? Wie würden andere sie bewerten, wenn sie wüssten, was sie tatsächlich können und was nicht? Diese Befürchtungen gehen manchmal sehr weit. Etwa im Sinne der berühmten Antwort des einstigen deutschen Innenministers Thomas de Maizière: »Ein Teil dieser Antworten würde die Bevölkerung verunsichern.« Entwarnung dazu auch hier: Perfektionisten überschätzen chronisch das Interesse der Allgemeinheit an ihren echten oder eingebildeten Fehlleistungen. Die meisten sind mit ihren eigenen Mängeln ausgelastet.

Selbstschutz, der unnötig wird

Wer sich mit den tieferen Ursachen seines Perfektionismus beschäftigt, stellt dabei fast immer fest: Im Grunde stellt er den Versuch dar, sich vor Verletzungen zu schützen. Lieber mehr anstrengen als alle anderen, sich durch Leistung und Unabhängigkeit beweisen, als von anderen kritisiert, blamiert oder enttäuscht zu werden. Doch wie du es wahrscheinlich selbst vielfach erlebt hast, ist das auch bei größter Mühe nie ganz möglich. Daher wird es irgendwann Zeit, eine neue Sichtweise zu erwägen: Ist all das überhaupt notwendig, brauchst du diesen Selbstschutz wirklich?

Perfektionisten wollen schmerzhafte Gefühle von Scham und Schuld vermeiden.

Die amerikanische Soziologin und Autorin Dr. Brené Brown drückt es so aus: »Perfektionismus ist ein selbstzerstörerisches und süchtig machendes Glaubenssystem, das einen primären Gedanken befeuert: Wenn ich perfekt aussehe und alles perfekt mache, kann ich die schmerzhaften Gefühle von Scham, Beurteiltwerden und Schuld vermeiden oder minimieren.« Ihr Vortrag zur Kraft der Verletzlichkeit bei der Innovationskonferenz TED 2010 in Kalifornien wurde 14 Millionen Mal auf YouTube angesehen. »Verletzlichkeit bedeutet nicht, zu gewinnen oder zu verlieren«, meint sie. »Sondern den Mut zu haben, sich zu zeigen und gesehen zu werden, auch wenn man keine Kontrolle über das Ergebnis hat.« Wenn du deine Verletzlichkeit erkennst, akzeptierst und nicht mehr verbirgst, brauchst du keinen Perfektionismus mehr, um dich zu schützen. Du weißt, dass du absolut in Ordnung bist, ohne dass du das anderen immer wieder beweisen musst.

Offenheit will überlegt sein

Verletzlichkeit zu zeigen heißt nicht, sich wahllos jedem zu öffnen. Du musst zwar nichts verbergen, dir muss auch nichts peinlich sein. Gleichzeitig empfiehlt es sich immer, überlegt vorzugehen und angemessen auszuwählen: Mit wem willst du über persönliche Herausforderungen sprechen, weil dich das stärken würde – und wo wenig preisgeben, um dich zu schützen? Deine neue Freiheit liegt darin, dass du beide Optionen ganz selbstverständlich nutzt.

Jeder hat eigene Defizite, die er verbergen oder anderweitig ausgleichen will

Im Vorwort habe ich erwähnt, dass ich selbst lange mit Perfektionismus zu kämpfen hatte und mir das oft geschadet hat. Entsprechend bin ich, zögerlich und über viele Umwege und Jahre, auf Ursachensuche gegangen: Was wollte ich damit überwinden, welches empfundene Defizit ausgleichen? Verschiedene Erfahrungen spielten, wie so oft, eine Rolle – vor allem zwei.

Mein Vater hatte unsere Familie nach einer unglücklichen, gelegentlich von Gewalt geprägten Ehe verlassen, als ich acht Jahre alt war. Seitdem, und das sind inzwischen 40 Jahre, lehnt er jeden Kontakt ab, obwohl er nur zweieinhalb Autostunden entfernt wohnt. Kein persönliches Treffen, keine Antwort auf Briefe. Nur zwei kurze Telefonate in all der Zeit, einige verlegene Worte und am Ende: »Ich brauche deine Nummer nicht.«

Es brauchte viele Jahre, mir diese Verletzung einzugestehen: dass ich damals froh war, als er weg war, er mir aber auch gefehlt hat und bis heute fehlt. Ich hätte einen Vater gebraucht, der mich gelegentlich einmal umarmt, mir zum Geburtstag gratuliert, an den Ereignissen meines Lebens teilnimmt. Gern würde ich auch meinen Halbbruder – den Sohn aus zweiter Ehe – kennenlernen, den ich nur einmal auf der Straße gesehen habe.

Häufig muss man einfach klarkommen im Leben, auch wenn es anders laufen sollte.

Kurz nach der Trennung meiner Eltern erkrankte meine Schwester, damals fünf Jahre alt, an Gelenkrheuma. Sie durchlitt schmerzhafte Operationen, Krankenhausaufenthalte, die Nebenwirkungen verschiedener Medikamente und Zeiten im Rollstuhl. Meine Mutter hatte ihre eigenen Sorgen und oft so wenig Geld, dass sie sich für den Einkauf etwas von einer Nachbarin leihen musste.

Ich habe mehr übernommen, als es meinem Alter angemessen gewesen wäre, das aber gern und stolz. Gleichwohl blieb das Gefühl zurück, abgelehnt und nicht so wichtig zu sein, wenn ich mich nicht besonders anstrengte und mich um alles kümmerte. Ich musste mit der Ablehnung meines Vaters leben lernen und war eifersüchtig auf meine Schwester, weil es »immer nur um sie« ging, auch wenn mir die Gründe verständlich waren.

Vielen ging es ähnlich

Wenn ich viel später als Erwachsener, als mir all das nicht mehr zu schmerzlich oder peinlich war, Freunden oder vertrauten

Kollegen davon erzählte, überraschten mich viele Antworten. »So war das bei mir auch«, »Ich habe meinen Vater auch nie mehr gesehen«, »Meine Tochter lehnt den Kontakt zu mir ab«, »Wir hatten nie Geld«, »Ich war auch viele Jahre chronisch krank, bin es eigentlich heute noch«. Alles starke, selbstbewusste Menschen, von denen ich das nicht erwartet, nicht einmal die Möglichkeit erwogen hatte. So erzähle ich heute von mir in dem Wissen, dass es vielen ähnlich oder wesentlich schwerer ergangen ist. Jeder hat etwas, mit dem er leben lernen muss und kann.

Die Ehrlichkeit zuerst mir und dann anderen gegenüber war entscheidend, um Frieden mit den Dingen zu machen, so wie sie nun einmal sind. Ich musste akzeptieren, dass ich von meinem Vater nicht erwarten kann, was er offenkundig gar nicht bieten kann. Gleichzeitig traf ich Menschen, die seine Rolle teilweise ersetzt haben. So wurde ein älterer Vorgesetzter erst ein beruflicher Mentor, dann auch ein väterlicher Unterstützer. Freunde waren liebevoll und ermutigend, als ich es gebraucht habe.

Wenn der Perfektionismus seinen Zweck verliert, verfliegt er wie eine unwichtige Erinnerung.

Es half auch, als Erwachsener mit meiner Mutter und meiner Schwester immer mal wieder über diese Jahre zu sprechen. Ich denke, es war gut für beide zu hören, dass ich ehrlich davon überzeugt bin, dass wir alle das Bestmögliche in dieser Situation getan haben und es uns am Ende an nichts Wesentlichem gefehlt hat. Für mich war es wichtig zu erfahren und zu lernen, dass ich wertvoll bin und geliebt werde für das, was ich bin, nicht für das, was ich leiste. Der Perfektionismus ist dabei verflogen wie ein Geist aus der Vergangenheit. Ich weiß heute recht genau, wer ich bin. Ehrgeizig ja, aber nicht darauf angewiesen, dass jeder Plan perfekt aufgeht. Sondern flexibler und neugieriger auf das, was sich auch ohne mein Zutun ergeben wird. Gleichzeitig entspannter, wenn etwas nicht klappt: Das wird schon seinen Sinn haben, auch wenn ich ihn vielleicht erst später erkenne.

Verletzlichkeit hat nichts mit Jammern zu tun

In dem Film *Kein Pardon* mit Hape Kerkeling klagt die Empfangsdame des Fernsehsenders, bei dem er arbeitet, pausenlos über Kreuzschmerzen. »Das kannst du dir nicht vorstellen! Als wenn einer mit dem Küchenmesser da reinsticht, wie mit der Schneeschaufel!« So geht es laufend weiter: »Das sind Schmerzen, das kann ich Ihnen gar nicht beschreiben. Als wenn dir einer mit der Kettensäge die Halswirbel durchspaltet!« Irgendwann wagt es eine Kollegin, einmal eigene Beschwerden zu erwähnen. Und wird prompt angeherrscht: »Herrgott, seien Sie nicht so wehleidig. Das geht schon wieder vorbei!«

Die Einsicht in deine Schwächen ist der Moment, in dem du sie hinter dir lässt.

Jammern mag keiner gern, aber aus meiner Erfahrung jammern sowieso diejenigen am wenigstens, die den meisten Grund dazu hätten. Verletzlichkeit zu zeigen hat nichts mit Jammern zu tun. Es ist kein wiederkehrendes Klagen, sondern im Gegenteil die Einsicht in Realitäten, die bisher verdrängt wurden. Du musst also, wenn du dich näher mit dir und deinen Verletzungen beschäftigst, keine Angst haben, dass du »zu weich« oder »wehleidig« wirst. Sicher wird es Momente geben, in denen dir auf einmal gewisse Dinge schmerzlich klar werden. Aber genau dann bist du auch dabei, sie endlich hinter dir zu lassen.

Überall Unterstützer

Als Perfektionist, der immer den besten Eindruck machen will, wird dich in dieser Phase die Reaktion deiner Mitmenschen überraschen. Sie sind nicht etwa entsetzt oder enttäuscht: »Das erfahre ich jetzt? Tut mir leid, aber das war es dann mit uns!« Im Gegenteil. All das, was man ewig verborgen und verleugnet hatte, berührt sie, weil sie Ähnliches kennen. Fast immer erzählen sie von eigenen Herausforderungen, bieten ihre Anteilnahme und Unterstützung an. Das erlebst du schon bei Kleinigkeiten.

Im Sommer trug ich sechs Wochen lang einen Gips am linken Fuß und sollte zwei Krücken nutzen. Gar nichts Schlimmes, eine operierte Sportverletzung. Aber ich habe in dieser Zeit so viele kleine Gesten der Hilfsbereitschaft erlebt, obwohl sie wirklich nicht nötig gewesen wären. Leute, die mir im Bus einen Platz näher am Eingang angeboten haben, im Café oder Restaurant das Tablett zum Tisch tragen wollten oder einfach gefragt haben, was passiert sei und wie es mir so ginge, oft dann auch von eigenen Erlebnissen erzählt haben. Junge Leute übrigens ebenso wie Senioren. Auch wenn Social Media manchmal einen anderen Eindruck vermittelt: Es gibt auch heute sehr viele Menschen, die aufmerksam, hilfsbereit und freundlich sind.

Zusammen bilden die Scherben, wie bei einem Mosaik, ein Kunstwerk

Für mich sind Mosaiken, wie sie so viele Kulturen kunstvoll geschaffen haben, seit jeher ein schönes Sinnbild dafür, wie ein realistischer, aber guter Blick auf das eigene Leben aussehen kann. Sie bestehen aus Scherben und Bruchstücken, also aus dem Inbegriff des Imperfekten. Aber zusammen bilden sie ein Kunstwerk, das man sich gern ansieht und das viel mehr ist als die Summe seiner dürftigen Einzelteile. Einige Zeit habe ich sogar das Bild eines Mosaiks, in dem kleine Steinchen einen Baum bildeten, bei mir getragen, um mich daran zu erinnern: So etwa ist dein Leben, also insgesamt trotz allem nicht so verkehrt.

Das Gefühl, nicht genug zu sein, ist eine schwere Bürde. Manche meiner Klienten haben es mit drastischen Worten beschrieben: »Als ob mir etwas die Luft abschnürt«, »als ob ich ein Messer im Rücken stecken habe«, »als ob ich ständig weinen könnte.« Reue, Scham, Trauer und Enttäuschung kön-

Sei zu dir selbst so großzügig, wie du es anderen gegenüber auch immer bist.

nen dich sehr belasten, und du profitierst davon, wenn du das abschließt. Deine Lebensjahre sind zu wertvoll dafür.

Anderen gegenüber sind wir meist sehr großzügig und verständnisvoll, wenn etwas nicht perfekt funktioniert oder wir sogar tiefsitzende Schwierigkeiten erkennen. »Das kann doch jedem einmal passieren«, »So schlimm ist das nicht«, »Beim nächsten Mal klappt's bestimmt, dann probieren wir es zusammen.« Die Kraft der Verletzlichkeit erlaubt dir, dich selbst auf diese Weise anzunehmen. Nach dem Motto: »Ich bin noch nicht da, wo ich sein wollte, aber ich bin auf dem Weg, und so schlecht stehe ich schon jetzt nicht da.« Vergleiche dich deshalb nicht so sehr mit anderen, sondern mit deinem früheren Selbst: Wo hast du angefangen im Leben, wo stehst du inzwischen? Fast immer ist deine Bilanz dann plötzlich: Gar nicht so schlecht!

Nimm dir Zeit dafür

Wenn du dich mit deiner eigenen Verletzlichkeit beschäftigen willst, brauchst du dafür Zeit und Ruhe. Stellst du fest, dass du »nie die Nerven dafür« hast, ist das ein Hinweis darauf, dass du das wahrscheinlich mehr oder weniger absichtlich vermeidest und dich lieber in immer neue Aktivitäten und Aufgaben stürzt, um nicht groß nachdenken zu müssen. Das ist dein gutes Recht. Aber du vergibst damit eine Chance, deinem Perfektionismus sehr effektiv die Macht über dich zu entziehen. Wenn du also zu jener Sorte von Perfektionisten gehörst, die ständig überlastet und verplant sind: Das ist kein Zufall. Du könntest überlegen, dir zum Beispiel einen arbeitsfreien Tag pro Woche zu reservieren, an dem du mal auf andere Gedanken kommen kannst.

Du wirst ganz von selbst wissen, auf welche Fragen du endlich eine Antwort brauchst.

Folge dabei deiner Intuition: Wohin kehren deine Gedanken immer wieder zurück – zu welchen Ereignissen, Menschen und Orten? Willst du einmal in alten Fotoalben blättern, noch einmal Briefe oder Dokumente durchsehen? Durch die Straßen deiner Kindheit spazieren oder mit ein wenig Ahnenforschung beginnen, indem du ältere Verwandte befragst, wie die Umstände damals wirklich waren, woher du genau kommst und wie dein Leben begonnen hat?

Du kannst dabei nichts falsch machen. Dein Interesse wird dich lenken und zu den Fragen führen, auf die du die ganze Zeit Antworten gesucht hast. Es ist normal, wenn dich die Erinnerungen manchmal zum Weinen und manchmal zum Lachen bringen. Erlaube dir das, dabei verarbeitest du diese lang unterdrückten Gefühle und entwickelst eine neue Sicht auf dich. Ein tieferes Verständnis für deine persönliche Geschichte.

Verständnis für andere

Wer eine schwierige Biografie hat, wird viele Gründe finden, auf bestimmte Menschen wütend oder über sie enttäuscht zu sein. Diese Gefühle sind – aus deiner Sicht – berechtigt, bringen dich aber langfristig nicht weiter. Es hilft dir, wenn du nach der ersten Aufwallung ein gewisses Verständnis und sogar Mitgefühl entwickeln kannst. Auch wenn dich die Folgen ihrer Entscheidungen sehr verletzt haben oder schwerwiegende Konsequenzen für dein Leben hatten.

Es gibt immer Gründe, auf andere wütend zu sein, aber immer auch für Dankbarkeit.

Weil ich meinen Vater erwähnt habe: Er wurde, wie meine Mutter, zu jung zur Heirat überredet, weil ein Kind (ich) unterwegs war und es sich nach damaliger Ansicht so gehörte. Er war ein vielseitig talentierter Mann, der gern zeichnete und Elektrogitarre spielte, sich aber mit 19 Jahren plötzlich als Familienvater mit zahlreichen Verpflichtungen und Einschränkungen wiederfand. Als Ehemann war er enttäuschend, seine zweite Ehe sollte wohl ein Neuanfang ohne Blick zurück sein. Zudem stammt er aus traditionellen Verhältnissen und gehört einer Generation an, in der man nicht groß über Gefühle spricht. Heute nehme ich das so hin und freue mich über das, was ich – über das Leben, das er mir geschenkt hat, hinaus – von ihm bekommen habe. Gewisse Äußerlichkeiten und Interessen, aber auch die kulturelle Abstammung. Ich bin dankbar dafür, nicht mehr verletzt.

Versöhnlicher Blick

Der versöhnliche Blick auf andere und auf dich selbst bedingen einander. Denn nur, wenn du gleiche Maßstäbe anlegst, erkennst du, dass du in einer Tradition stehst: Du bist ebenso verletzt worden wie andere vor dir, und jeder hat auf seine Weise versucht, damit umzugehen. Ganz klar haben es manche bisher wesentlich leichter und angenehmer gehabt als andere, aber langfristig wird keiner verschont. Es gehört unvermeidbar zum Menschsein dazu und schafft, ganz ohne Pathos, die Gelegenheit, über sich selbst hinauszuwachsen.

Bei all dem wirst du eventuell feststellen, dass einige Freunde mit deiner neuen Ehrlichkeit nicht umgehen können, überfordert sind oder das Interesse verlieren – und andere dich auf einmal genau dafür schätzen, weil sie dich besser verstehen oder sich stärker mit dir verbunden fühlen, da sie Ähnliches erlebt haben. Die Kraft der Verletzlichkeit ordnet dein Leben nach einem neuen Maßstab: Ehrliche Echtheit statt falscher Perfektion.

Verletzlichkeit verbindet dich mit Menschen, denen du bisher nicht nah warst.

Du darfst also darauf vertrauen, dass Verletzlichkeit zu zeigen dich nicht schwächen wird, auch wenn du derzeit vielleicht davon überzeugt bist, sondern dich stärkt. Weil du andere Menschen mit deiner Offenheit ermutigst, ebenfalls ehrlicher zu sich und anderen zu sein. Weil du deine Lebensgeschichte annimmst und keine Kraft mehr darauf verwendest, sie zu verbergen oder anderweitig »ausgleichen« zu wollen, da sie dir unangenehm, peinlich oder für dich schmerzhaft ist. Du machst deine Biografie nicht vergessen und änderst sie auch nicht, sondern findest die guten Seiten darin und freundest dich mit allem anderen an, so gut es geht.

Ein Geständnis ohne Angst

Eine eindrucksvolle Geschichte darüber, wie jemand die Kraft der Verletzlichkeit für sich genutzt hat, ist die von Susanne Klatten. Sie ging vor einigen Jahren durch die Medien. Die BMW-Erbin und 25-fache Milliardärin, verheiratet und dreifache Mutter, hatte eine Affäre begonnen. Nach einiger Zeit bat ihr Geliebter sie um sieben Millionen Euro, er habe Schulden bei der Mafia. Sie gab ihm das Geld. Wenig später verlangte er 49 Millionen und drohte damit, er werde ansonsten Fotos veröffentlichen, die beide beim Sex zeigten. Frau Klatten ließ sich davon nicht einschüchtern, sondern ging erst zur Polizei und dann mit einem Geständnis an die Öffentlichkeit. Der kriminelle Gigolo kam ins Gefängnis. Sie behielt ihre Millionen und gewann, trotz ihres Fehltritts, die Sympathien für ihren Mut und ihre Konsequenz.

Eine kleine Übung: Erinnere dich bewusst an eine prägende Lebensphase

Die Kraft der Verletzlichkeit befreit dich also vom Perfektionismus. Um sie zu erschließen, hilft es dir, dich an prägende Phasen deiner Kindheit oder Jugend zu erinnern und über sie nachzudenken. Anfangs hast du davor vielleicht Angst. Zunehmend wird es aber leichter, bald sogar bereichernd oder amüsant. Suche dir dafür etwas, das dir hilft, dich zu erinnern. Ein Lied, das damals oft im Radio lief, ein Geruch, der für eure Wohnung typisch war, ein Gericht, dass ihr immer gegessen habt? Wenn es dich nicht überfordert, setze dich immer wieder einmal dieser Erinnerung aus, indem du die alte Musik spielst, an dem Parfüm riechst, das Gericht von damals nachkochst. Beobachte, wie sich deine Gefühle und Gedanken dazu im Laufe der Zeit verändern.

Entspann dich! Gut genug ist oft perfekt

Wer seinem Perfektionismus entkommen will, muss daran glauben, dass er ihn gar nicht braucht und ohne ihn sogar besser klarkommen wird. Diese neun Überzeugungen helfen dir dabei, pragmatischer und entspannter erfolgreich zu werden.

Sicher hast du auch schon einmal von der Theorie gehört, nach der angeblich der Flügelschlag eines Schmetterlings einen Tornado am anderen Ende der Welt auslösen kann. Ein amerikanischer Wissenschaftler wollte damit illustrieren, dass sich kleinste Ereignisse unvorhersehbar aufschaukeln können. Für einen echten Perfektionisten sind derartige Befürchtungen ganz alltäglich: Ein übersehener Fehler in der E-Mail an den Kunden – schon könnte dieser den entscheidenden Auftrag stornieren, was erst die eigene Karriere, dann das ganze Unternehmen ins Rutschen bringt! Wenn es ganz schlimm kommt, folgen noch eine Heuschreckenplage und ein paar Meteoriten. Dann lieber noch zehnmal kontrollieren, ob du dich auch wirklich nirgendwo vertippt oder verrechnet hast! Man will ja nicht versehentlich gleich das Ende der Welt riskieren.

So schlimm, wie man es anfangs oft befürchtet, kommt es meist doch nicht.

Bei dem Beispiel musstest du wahrscheinlich lächeln: »So schlimm würde es wohl nicht kommen … Oder doch?« Am leichtesten befreist du dich vom Perfektionismus mit all seinen Ängsten, Sorgen und unnötigen Belastungen, wenn du davon überzeugt bist, dass du ihn mehr nicht brauchst. Mehr noch:

dass du ohne ihn sogar besser klarkommst. In diesem Kapitel findest du neun Grundeinstellungen, die dir dabei helfen. Sie sind typisch für pragmatische Menschen, die entspannt erfolgreich sind und gelassen leben.

Achte bei den verschiedenen Aussagen darauf, welche Gedanken und Gefühle sie in dir auslösen. Bei welchen stimmst du zu, wo bist du skeptisch, was lehnst du ab? Wo du einen Widerstand spürst, erkennst du einen inneren Grund für deinen Perfektionismus. Das ist nicht schlimm, sondern zeigt dir, wo du deine bisherige Ansicht überdenken könntest, wenn du etwas pragmatischer werden möchtest. Damit erlaubst du dir, deine Ressourcen – Zeit, Geld und Energie – zukünftig sinnvoller zu nutzen. Du strebst nur noch dort nach Perfektion, wo sie machbar und bedeutsam ist, schließt ansonsten aber auch Kompromisse.

Das Beste, das dir möglich war

Es ist oft gar nicht so einfach, sich vom Perfektionismus und damit verbundenen Überzeugungen zu verabschieden. Er hat dich dorthin gebracht, wo du jetzt im Leben stehst. Bis zu einem gewissen Grad hat er für dich also funktioniert, auch wenn es oft unnötig stressig, hektisch und frustrierend war. Du kannst dich dankbar von ihm verabschieden und gleichzeitig neue Überzeugungen annehmen, die für deine nächste Lebensphase hilfreich sind.

Überzeugung 1: Perfektion ist meist völlig unnötig

Im Jahr 1967 kündigten die Beach Boys das perfekte Musikalbum an. Es sollte die Geschichte Amerikas aufarbeiten, die Elemente Feuer, Wasser, Erde und Luft musikalisch darstellen und eine »Teenager-Symphonie an Gott« werden. 2004 war eine erste Version von *Smile* fertig, aber die Band war noch immer nicht zufrieden. 2011 passte es endlich. Da waren die Teenager inzwischen Ende 70, einige sogar tot, und ihr Musikstil aus der Mode.

Du kannst an jedem Projekt unendlich basteln. Es vielleicht in einigen Details wirklich weiter verbessern. Aber macht das einen bedeutsamen Unterschied, und was ist der Preis dafür – etwa deine zusätzliche Mühe und die Verzögerungen? Sicher wäre es wunderbar, wenn jede Aktivität zu einem Ergebnis von höchster Qualität führen würde. Dagegen steht, dass deine Zeit, Geld und Energie begrenzt sind und du nicht nur eine Aufgabe hast.

Der Preis der vielen zusätzlichen Anstrengungen wird schnell vergessen, ist aber hoch.

So stehst du immer vor einer Wahl: zu verzweifeln, weil du nie alles so schaffen wirst, dass es höchsten Ansprüchen genügt. Oder zu unterscheiden: Wo ist Perfektion machbar und sinnvoll, wo nicht? Fast immer ist Perfektion unnötig, entscheidend hingegen, dass du überhaupt etwas ablieferst, was andere nutzen können. Es muss nicht perfekt sein, sondern seinen Zweck erfüllen, oft sogar nur für eine relativ begrenzte Zeit. Keine ideale Lösung notwendig!

Überzeugung 2: Gut genug ist meist am besten

In unserer Zeitung, es ging um die Entwicklung technischer Geräte, kommentierte ein Leser: »Mir ist noch keine Frau untergekommen, die einen Geschirrspüler halbwegs entsprechend der Funktionsweise befüllen konnte.« Ähnliche Beschwerden habe ich schon von mehreren Kollegen über ihre Gattinnen gehört. Das korrekte Einräumen des Geschirrspülers scheint in vielen Beziehunen von höchster Brisanz zu sein: Einer weiß immer besser, wie man angeblich den Platz am effektivsten nutzt oder vielleicht sogar Wasser spart. Ich gebe zu, dass ich bei uns zu Hause auch immer umräume, bevor ich auf »Start« drücke. Alle Teller nach rechts, absteigend der Größe nach geordnet, die Töpfe links. Meine Theorie ist, dass man ihn dann schneller ausräumt. Praktisch spielt das allerdings überhaupt keine Rolle, das ist mir völlig klar. Es ist bestenfalls überzogener Ordnungssinn oder eine schrullige Angewohnheit. Ähnliches gilt für viele andere Aktivitäten im alltäglichen Leben. Sie müssen nicht mustergültig erledigt werden, sondern ihren praktischen Zweck erfüllen. Jede zusätzliche Mühe und der Zeitaufwand müssen sich lohnen. Sehr häufig fällt der Vergleich zu Ungunsten der perfekten Lösung aus. Gut genug ist meistens zugleich auch noch einfacher, schneller, billiger. Und damit im Normalfall nicht nur ausreichend, sondern objektiv besser.

Eventuell hat »Gut genug« für dich einen schlechten Beiklang. Nach Mittelmaß und faulen Kompromissen, die du dir irgendwie schönredest, mit denen du dich aber eigentlich kompromittierst. Du kommst an deine eigenen Ansprüche nicht heran. Denke bei »Gut genug« daher eher an Begriffe wie: »moderat«, »angemessen«, »ausgewogen«. An einen intelligenten Ausgleich aus eigenen Ansprüchen, deinen Möglichkeiten und den Bedürfnissen anderer. Dann ergibt das plötzlich viel Sinn.

Überzeugung 3: Fehler sind absolut normal

Als Google seine ersten Rechenzentren baute, machte das Unternehmen etwas anders als alle anderen. Es schaffte nicht die besten und teuersten Großrechner an, damit sie nie ausfallen würden. Sondern kombinierte eine große Anzahl billiger Supermarkt-Rechner und ging direkt von der Annahme aus, dass einige davon immer fehlerhaft arbeiten oder ganz ausfallen würden. Die Software war daraufhin ausgelegt. Die Rechner wurden

Mit Fehlern zu rechnen ist klüger, als darauf zu hoffen, dass niemals welche passieren.

nur mit Klettverschlüssen in den Regalen befestigt, nicht fest verschraubt. Damit waren sie im Falle eines Defektes oder für Reparaturen sofort und mühelos austauschbar.

Wer davon ausgeht, dass Fehler völlig normal sind und immer passieren werden, plant realistisch. Er kalkuliert Sicherheitsreserven ein, etwa zeitliche und finanzielle Polster, personelle oder technische Alternativen. Auf diese Weise wird er nicht unangenehm überrascht, wenn etwas nicht perfekt läuft, sondern hat das ganz unaufgeregt bereits erwartet und ist vorbereitet.

Dein Bestreben sollte also grundsätzlich nicht sein, komplett fehlerfrei zu handeln – das wäre vollkommen unrealistisch. Sondern im Gegenteil davon auszugehen, dass du Fehler machen wirst und du dir deshalb vorab ganz in Ruhe überlegen solltest, welche das sein könnten und wie du damit umgehen würdest. Das korrigiert überzogene Erwartungshaltungen und ermutigt dich zu einem klugen Risiko-Management: Was willst du bewusst riskieren, weil der mögliche Schaden klein und schnell zu korrigieren wäre, und wo ist echte Vorsorge notwendig?

Überzeugung 4: Ich lerne nur durch Irrtümer

Vor mehreren Jahren lernte ich in Hamburg ein Ehepaar kennen, das einen dummen Fehler gemacht hatte. Es hatte eine gutaussehende junge Frau aus Osteuropa engagiert, die sich als Nanny um die Kinder kümmern sollte und in die kleine Einliegerwohnung im Haus zog. Wenig später stellte die Ehefrau fest, dass sich die neue Nanny auch rührend um ihren Mann kümmerte – speziell im Schlafzimmer. Sie lernte daraus: Engagiere nur eine Nanny, die doppelt so alt ist und zweimal so viel wiegt wie du. Besser noch, einen jungen Mann, was sie dann übrigens tatsächlich auch tat.

Wer scheitert, lernt fast immer mehr, als wenn er jahrelang nur erfolgreich wäre.

Aus Irrtümern lernt man, und eigentlich nur aus diesen. Erfolg bestätigt dich, was auch schön und wichtig ist. Misserfolg aber stellt dich infrage und fordert heraus. Als Perfektionist willst du jeden Fehler, jeden Irrtum und jede falsche Entscheidung vermeiden. Dabei kannst du gelassener an die Dinge herangehen. Du bist nämlich immer im Vorteil. Entweder, du liegst schon beim ersten Versuch richtig. Oder du liegst zwar anfangs falsch, lernst aber gerade deswegen etwas dazu, auch wenn die Konsequenzen zunächst vielleicht unangenehm sind. Langfristig wirst du dadurch in jedem Fall besser, klüger und stärker.

Wo immer sich etwas bewegt – wo gelebt, gelernt, gestaltet und gearbeitet wird –, geschehen Fehler. Manchmal sind sie wirklich ein Zeichen von Versäumnissen. Häufig aber von Unerfahrenheit oder dem Versuch, etwas einmal ganz anders als bisher zu machen. Fehler sind damit nicht nur normal, sondern untrennbar verbunden mit Veränderung und sogar Verbesserung.

Dein Bemühen sollte daher nie sein, keine Fehler zu machen. Das ist absolut unmöglich und würde dich zur ewigen Stagnation verpflichten, um nie etwas zu riskieren. Sondern: den Schaden zu begrenzen, wenn du einen Fehler erkennst, aus ihm zu lernen und denselben Fehler nicht mehrfach zu machen.

Überzeugung 5: Pragmatisch heißt nicht schlampig

Kürzlich war ich während eines Ausfluges wieder einmal in diesem wunderschönen Museumscafé, das ich mag. Es befindet sich in einer historischen Villa mit reich verzierten Decken, Kronleuchtern und Seidentapeten. Kaffee und Kuchen werden im feinsten Porzellangeschirr serviert, die Stoffservietten sind sorgfältig gebügelt. Bei anderen Gelegenheiten gehen wir, etwa auf Wunsch unseres 13-jährigen Pflegesohnes, zu KFC oder McDonald's. Das Essen kommt in Pappkartons und -bechern, die

Plastiktabletts darf man selbst zum Tisch tragen. Wir haben dabei aber genauso viel Spaß, genießen unser Essen und die Zeit zusammen. Es ist manchmal etwas turbulent und chaotisch.

Auch bei pragmatischen Lösungen gelten selbstverständlich gewisse Mindeststandards.

Das Besondere für spezielle Gelegenheiten, das Pragmatische für den Alltag, wenn es schnell gehen und nicht allzu viel kosten soll. Beides hat seine Berechtigung und seinen Zweck. Gleichzeitig heißt das: Gewisse Mindeststandards müssen immer erfüllt sein. Wo ich beispielsweise essen gehe, soll es immer sauber und nicht zu laut sein, gut erreichbar mit angemessenen Preisen und ohne lange Wartezeiten. Pragmatisch heißt nicht schlampig.

Wenn du dich vom Perfektionismus verabschiedest, heißt das also überhaupt nicht, dass du nachlässig werden sollst und dir zukünftig alles egal ist. Sondern: Du achtest darauf, dass gewisse Mindeststandards immer erfüllt werden, ohne gleich das theoretisch Bestmögliche erreichen zu wollen. Welche Standards das sind, musst du je nach Aufgabe und Situation entscheiden, also deine Untergrenzen – das garantierte Minimum – definieren.

Überzeugung 6: Mein Wert hängt nicht von meiner Leistung ab

In Motivationsseminaren zerknüllen die Referenten gern einen Geldschein, trampeln darauf herum und fragen anschließend in die Gruppe: »Würdet ihr ihn trotzdem nehmen?« Natürlich, jeder hebt da die Hand. Die Demonstration soll beweisen, dass gewisse Dinge nie ihren Wert verlieren. Das ist in dieser Form zwar ein argumentativer Trick: Ein Geldschein ist nur ein Stück Papier. Seinen Wert erhält er erst durch die Staatsbank und er kann ihn bei einer Inflation selbstverständlich auch verlieren.

Gleichzeitig ist die Botschaft, die damit ausgedrückt werden soll, wichtig: Dein Wert als Mensch ist unabhängig von deiner Leistung oder davon, wie es dir gerade geht, selbst wenn du dich mal ein bisschen schmutzig oder zerknittert fühlst. Jede menschliche Zivilisation hat diese Überzeugung in unterschiedlicher Form – »Gottes Ebenbild«, »unantastbare Würde« – ausgedrückt. Gemeint ist damit: Du bist nicht, was du tust, sondern hast ganz unabhängig davon einen innewohnenden Wert, der nie verloren geht. Er bleibt dir in jeder Lebenslage erhalten.

Egal, was du leistest und wie gut es dir gerade geht, hast du einen eigenen Wert, der immer bleibt.

Mach dir deshalb Folgendes bewusst: Der Wert, den dir andere wegen deiner Leistung zumessen, verändert sich regelmäßig. Mal liebt dich dein Chef, mal sucht er schon Ersatz. Mal sitzt du vielleicht arbeitslos zu Hause und fühlst dich wie eine Null, bis ein neuer Job dein Selbstbewusstsein wieder hebt und du die Krise bald ganz vergessen hast. Das gilt auch für alles andere: deinen Erfolg in Beziehungen, dein Aussehen, deine Gesundheit, deine finanzielle Situation. All das ist immer im Wandel. Und dann gibt es deinen Wert als Mensch. Er ist unveränderlich. Als Mensch bist du immer wertvoll, in guten wie in schlechten Zeiten. Eventuell fühlst du dich in manchen Situationen überhaupt nicht danach, etwa nach einem Krach mit deinem Chef oder Partner. Dann erinnere dich: Das ist wirklich nur eine Phase.

Überzeugung 7: Nicht perfekt sein macht erst interessant

Eine liebe Freundin schwärmt regelmäßig von ihrem langjährigen Partner: »Er sieht so toll aus! Auch nach all der Zeit finde ich ihn noch immer richtig sexy.« Ich freue mich für sie und muss darüber lächeln. In meinen Augen ist er ein charmanter, gepflegter Mann mittleren Alters, der ein Bäuchlein und eine Zahnlücke hat, dessen Haare dünner werden, aber er föhnt tapfer dagegen an. Er ist intelligent, großzügig und liebevoll, arbeitet aber auch ständig zu viel und ist manchmal ein wenig egoistisch. Nicht perfekt, aber für seine Frau absolut liebenswert und interessant. Und das genügt!

Jeder sehnt sich nach einem Gegenüber, das auch nahbar und menschlich ist.

Perfektion ist auf Dauer so langweilig wie ein Model-Foto auf Instagram, für das sich jemand in eine Pose gezwungen und noch drei Filter darübergelegt hat. Sieht gut aus, aber auch distanziert und unglaubwürdig. Viel kann man damit nicht anfangen und man erfährt auch nicht viel über die Person, die sich da gleichzeitig zeigt und versteckt. Es fehlt an Komplexität, an einem persönlichen Profil mit Facetten – das, was man oft »Ecken und Kanten« nennt. Damit sind keine unangenehmen Charakterzüge gemeint, sondern Echtheit im Ausdruck und Verhalten.

Keiner will einen glatten Langweiler als Partner oder Freund, auch nicht als Chef oder Kollege oder in einer anderen herausgehobenen Position. Du musst deshalb keine Sorge haben, wenn du dich für »nicht perfekt« hältst. Zum Glück, denn so bist du ein Mensch mit einer eigenen Geschichte und gerade deshalb interessant. Sieh dich mit liebevollen Augen an und achte darauf, dass du dich mit Menschen umgibst, die das ebenso tun.

Überzeugung 8: Ich trage nicht für alles die Verantwortung

Einmal saß ich morgens in der Straßenbahn neben einem Mann, der größte Mühe hatte, seine Söhne – beide um die drei Jahre – halbwegs unter Kontrolle zu halten. Wenn sie nicht gerade auf den Sitz kletterten oder die Haare der Frau vor ihnen anfassen wollten, stellte sie Fragen. »Papa, gibt es Mandarotten?« – »Und was ist mit Ananasblüten?« Der Papa bemühte sich redlich: »Was meinst du denn, Edgar? Hast du schon mal eine Ananasblüte gesehen?« Stoppen konnte er sie nicht, nur auf die Geduld der Passagiere hoffen und dass bald ihre Haltestelle kam.

Selbst kleine Kinder kann man, wie alle Eltern bestätigen werden, nur ganz begrenzt kontrollieren. Umso weniger die Erwachsenen um einen herum, geschweige denn das Leben insgesamt. Selbstverständlich ist jeder bestrebt, möglichst weitgehend darauf Einfluss zu nehmen, was geschieht. Vollständig ist das allerdings nie möglich. Es gibt immer unvorhersehbare Ereignisse und Einflüsse anderer, und nicht alle sind schlecht.

Als Perfektionist denkst du vor allem an Risiken und Gefahren: was alles schiefgehen könnte, wenn du es nicht verhinderst, und wie es eigentlich sein sollte. Trau dich zukünftig, in gleichem Maß an die Chancen und Sicherheiten zu denken: was alles gutgehen kann, auch wenn du es nicht immer selbst vorantreibst. Lerne zu vertrauen, dass es auch gute Überraschungen geben könnte, die besser als deine eigenen Ideen sind und sich in deinem Sinne entwickeln, weil es so geschehen soll.

Überzeugung 9: Nach jedem Scheitern kommt ein Neuanfang

Im Laufe meines beruflichen Lebens habe ich viele Menschen kennengelernt, die einige Zeit als echte Überflieger im beruflichen oder persönlichen Bereich galten. Nichts schien ihnen zu misslingen, vieles ausgesprochen leicht zu fallen. Etwas später ging unerwartet etwas schief, oft nicht einmal aus eigener Schuld. Sie fielen in Ungnade, galten plötzlich als problematisch, kamen mit neuen Chefs nicht mehr klar. Und mussten trotz ihrer Erfolge woanders noch einmal ganz neu anfangen.

Jeder scheitert unvermeidbar mindestens einmal im Leben, normalerweise sogar mehrmals. Ein Job oder Geschäft funktioniert nicht so, wie du es dir vorgestellt hast, oder du bist sogar längere Zeit arbeitslos. Eine wichtige Beziehung geht in die Brüche, ein Kinderwunsch erfüllt sich nicht, ein geliebter Mensch verlässt dich. In solchen schmerzhaften Lebensphasen sind flotte Sprüche – »Hinfallen darf man, liegen bleiben nicht« – deplatziert. Später aber erkennst du, dass sie zutreffen: Es ging tatsächlich weiter, auch wenn du damals eigentlich gar nicht mehr daran glauben konntest.

Das Leben zwingt oft zu Entscheidungen, die schwierig, aber langfristig gut sind.

»Wo sich eine Türe schließt, öffnet sich eine andere«, ist ein bekannter Ausspruch, der dem französischen Dramatiker Molière zugeschrieben wird. Eventuell musst du auch durchs Fenster oder übers Dach, also dich um ganz neue Wege bemühen. Du kannst daraus Trost und Zuversicht schöpfen: Es muss nicht perfekt laufen. Du darfst sicher darauf vertrauen, dass es für dich immer weitergehen wird – und langfristig eventuell sogar besser als bisher. Das Leben erzwingt oft Entscheidungen, die du selbst aus Angst oder Vorsicht nie getroffen hättest, die sich aber im Rückblick als die besten herausstellen, weil du etwas grundsätzlich ganz anders machen und wirklich umdenken musstest.

Dein Neuanfang

Wenn du deinen Perfektionismus ablegst, wirst du dadurch nicht ein komplett anderer Mensch. Du wirst gewisse Dinge weiterhin auf deine eigene Art erledigen, manchmal auch nach wie vor mit höheren Ansprüchen als andere. Aber dein neuer Antrieb sind Freude, Begeisterung und die neugierige Vorfreude auf das, was das Leben noch so alles bereithält an schönen Überraschungen, auf die du selbst nie gekommen wärst. Nicht mehr die Angst vor Kritik, vor einer Blamage oder vor unabwägbaren Folgen.

Deine Veränderung geschieht unmerklich, indem du deine Ansichten und Gewohnheiten überdenkst und allmählich anpasst, auch wenn du all das natürlich am liebsten direkt heute noch erledigt hättest. Dein neues Leben mit weniger Perfektionismus wird selbst dir erst nach einiger Zeit auffallen. Wenn du beispielsweise auf einmal überrascht feststellst, dass du viel weniger Stress als bisher und viel mehr Energie hast, dich um dich selbst zu kümmern. Andere werden nach einiger Zeit bemerken, dass du geduldiger und weniger erschöpft oder gereizt bist. Sei deshalb geduldig mit dir und vertraue darauf, dass dich schon kleine Schritte – wie diese neuen Überzeugungen – zu einem pragmatischeren, entspannteren Leben führen werden.

Eine kleine Übung: Entscheide dich für deine neuen Überzeugungen

Du hast also gesehen, dass Perfektionismus auf bestimmten Überzeugungen aus deiner Kindheit und Jugend beruht, die du durch neue ersetzen kannst, die besser zu deiner jetzigen Lebensphase passen. Diese kleine Übung hilft dir dabei. Entscheide dich für drei bis vier Überzeugungen aus diesem Kapitel, die dich ansprechen und die du dir zu eigen machen möchtest. Wenn du möchtest, kannst du sie anpassen oder welche formulieren, die für dich noch passender wären. Zum Beispiel: »Ich bin ein toller Mensch, auch wenn ich Fehler mache«. Oder: »Ich habe manchmal Angst, dass etwas schiefgeht. Aber ich weiß, dass das eigentlich unnötig ist.« Schreibe sie dir auf. Wenn du magst, kannst du sie durch eine besondere Schrift, Fotos oder Sticker auch ein wenig kreativ gestalten. Befestige sie an einer Stelle, an der du sie jeden Tag siehst, beispielsweise an deinem Computer zu Hause, oder lege sie in deine Tasche für die Arbeit, wenn du sie so bei jedem Öffnen im Blick hast. Mit jedem automatischen Lesen prägen sie sich dir mehr ein, nimmst du sie mehr auf.

Nie alles perfekt? So wirst du weniger kritisch

Kritik ist die Sprache des Perfektionismus:
Nichts ist richtig und genug, bei dir ebenso wie bei anderen.
Auf Dauer nervt und erschöpft das. Du kannst lernen,
weniger kritisch zu sein, ohne gleich alles hinzunehmen.

Manche Kritik ist nachvollziehbar. Wenn der Chef beispielsweise während des Zoom-Calls aus dem Homeoffice, wie wir es nun alle kennen, meint: »Sie haben überhaupt nicht zugehört, oder?« Und dir nur der Gedanke kommt: »Was für eine merkwürdige Art, ein Meeting zu beginnen!« Oder ihm auffällt, dass ein Kollege seine Laptop-Kamera versehentlich so ausgerichtet hat, dass dessen Jogginghose im Sichtfeld ist: »Sind Sie heute auch sonst nur halb anwesend?« Und du denkst: »Die Firma soll doch froh sein, dass wir wach sind, nicht noch alle im Bett liegen und einfach die Video-Funktion ausgeschaltet haben. Immer dieses Gemecker!«

Wer ständig nur kritisiert, macht es sich leicht und schwer zugleich.

Wenn Perfektionismus sich äußert, dann mit einer ganz eigenen Sprache – derjenigen der ständigen Kritik. »Wieso hast du nur wieder …«, »Kannst du denn nicht einmal …«, »Hast du überhaupt nicht daran gedacht, dass …« So beginnen typische Sätze eines Perfektionisten. Sie klingen genervt, frustriert und erschöpft. »Klappt denn hier gar nichts«, »Wieso läuft das schon wieder schief«, »Kannst du nichts richtig machen?«

Grundsätzlich ist Kritik nicht schlecht, sondern sogar absolut notwendig. Nur wenn Fehler und Versäumnisse benannt werden, besteht die Chance, dass sie beseitigt werden. Aber das ist etwas anderes als ständiges Nörgeln, Schimpfen und Klagen. Sinnvolle Kritik ist ausgewählt und konkret, also auf den Einzelfall, ein bestimmtes Verhalten oder eine bestimmte Eigenschaft bezogen. Perfektionismus verleitet dazu, ständig alles zu kritisieren, und zwar am besten gleich ganz grundsätzlich.

Das ist ziemlich ineffektiv. Die wenigsten Menschen werden durch Kritik motiviert, etwas besser zu machen. Sie ärgern sich nur mehr und werden trotzig. Doch auch dich selbst belastet das. Wenn Perfektion der Maßstab ist, wirst du – da sie unerreichbar ist – niemals fertig mit dem Kritisieren. Bald ist das ganze Leben eine ewige Enttäuschung wie bei diesen Ehepaaren, die sich seit 20 Jahren leidenschaftlich hassen, aber trotzdem nicht voneinander lassen können. Nur der Tod darf das trennen, basta!

Keiner will nur Harmonie, das wäre auf Dauer auch nicht besonders spannend.

In diesem Kapitel findest du Anregungen, um Perfektionismus sprachlich hinter dir zu lassen. Sowohl für den Fall, dass du dich selbst kritisierst, als auch für Situationen, in denen es um andere Menschen oder um bestimmte Ideen oder Projekte geht. Das Ziel ist nicht, dass wir »uns jetzt alle total liebhaben«. Wie langweilig wäre so eine ewige Kuschelparty! Sondern es geht darum, eine neue Sprache zu finden, um Fehler sinnvoll anzusprechen, aber nicht ständig und bloß aus Prinzip. Das hilft keinem und zermürbt alle.

Kritisch mit dir selbst: Nur noch im Ausnahmefall

Kürzlich habe ich beim Bäcker im *Red Bull*-Magazin geblättert, das dort auslag. Es stellte Triathleten vor, die den ganzen Tag ihre Körperfunktionen messen (»Daten sammeln, dann analysieren«), Sportler, die alle Warnzeichen ihres Körpers ignorieren

(»Schmerz ist Bestätigung, Motivation«), und enthielt Interviews mit Ausnahmetalenten vom Hollywoodstar bis zum 53-jährigen Profisurfer. Aber alles so dargestellt, als könnte das jedermann erreichen, spätestens innerhalb eines Jahres. Ich war so frustriert, dass ich erst einmal ein großes Stück Kuchen essen musste!

Es ist sinnvoll, sein Handeln zu reflektieren, aber innerhalb gesunder Grenzen.

Selbstkritik hilft dir, besser zu werden in allem, was du tust. Sie ist also sinnvoll und wünschenswert, denn sie zeigt, dass du dein Handeln reflektierst und bei Bedarf anpassen kannst. Sie sollte aber nicht so weit gehen, dass du irgendwann glaubst, dass du überhaupt nichts richtig machst und ganz an dir verzweifelst. Kritisiere dich selbst nur in Bezug auf ausgewählte Aufgaben und Verhaltensweisen (»Wie kann ich diese Sache besser machen?«), niemals grundsätzlich als Mensch (»Wieso kriege ich nie etwas hin, bin ich echt so ein Versager?«).

So geht es besser: Erwarte keine Perfektion von dir, sondern gehe direkt davon aus, dass du immer Fehler machen wirst. Konzentriere dich lieber darauf, sie abzuschätzen und zu sehen, wo sich eine spätere Korrektur lohnt. Programmierer liefern zum Beispiel ihre Software erst einmal weitgehend fertig, aber noch nicht perfekt aus (»Beta-Version«). So kann sie schon einmal genutzt und im Einsatz geprüft werden. Später aktualisieren und korrigieren sie fortlaufend. Das kannst du bei gewissen Aufgaben vielleicht ähnlich übernehmen. Beispielsweise könntest du eine Präsentation frühzeitig als weitgehend verwendbaren »Entwurf« vorlegen, sie auch so bezeichnen, und, wenn es sinnvoll ist, danach noch einmal verschönert und erweitert nachreichen.

Eine gute Angewohnheit: Setze dir einen festen Termin pro Woche (beispielsweise jeden Freitag 15 Minuten nach der Mittagspause) und überlege in dieser Zeit in Ruhe, was du zukünftig besser machen könntest, beruflich oder privat. Alle Selbstkritik während der laufenden Woche darfst du auf diesen Termin verschieben (»Jetzt kümmere ich mich erst einmal um das Tagesgeschäft«). Diese Methode bringt dir mehr, als wenn du dich in der jeweiligen Situation furchtbar über dich selbst ärgerst (»Jetzt habe ich mich aber wieder schön blamiert!«), es danach aber weitergeht wie bisher, weil du dich ständig getrieben fühlst.

Moderate Ziele reichen

Du musst keine Angst haben, dass dir das schadet. Als Perfektionist wirst du ganz sicher über Nacht keine nachlässige Schlampe, der alles gleichgültig ist. Du wirst auch weiterhin auf Qualität achten, nur zukünftig mehr abwägen, wann wie viel sinnvoll ist. Damit arbeitest du ruhiger, erledigst mehr und achtest nur noch auf Perfektion, wenn sie notwendig und sinnvoll ist.

Das Lifestyle-Magazin beim Bäcker hat mich übrigens eher amüsiert, so überzogen und unrealistisch waren die präsentierten Versprechen in ihrer Gesamtheit. Gleichzeitig kann ein einzelnes Vorhaben durchaus motivieren. Persönlich habe ich mir vorgenommen, wieder regelmäßiger laufen zu gehen und zwei Fremdsprachen zu üben, die ich einmal in der Schule hatte. Aber nichts davon muss auch nur ansatzweise perfekt sein.

Du bleibst aufmerksam

Wer weniger kritisch ist, sieht die Welt damit nicht gleich wie durch einen Glow-Filter, wie ihn der Wendler immer für seine Fotos verwendet. Die Schrammen, Falten und Pickel des Lebens wirst du auch weiterhin erkennen, aber dich nicht mehr ewig damit aufhalten. Solange das Bild insgesamt gut aussieht, passt das schon. Die nicht so schönen Details werden beseitigt oder retuschiert, wenn es notwendig ist. Ansonsten spielen sie keine große Rolle.

Kritisch mit anderen: Wenn es notwendig ist

Unsere Nachbarstochter war drei Jahre lang ein Schreikind. Als es endlich ruhiger wurde, haben die Eltern das einzig Vernünftige gemacht: ein Klavier angeschafft, auf dem sie nun täglich übt. So, wie es klingt, müssen es die experimentellen Improvisationen von Karlheinz Stockhausen sein. Ich hätte allen Grund, kritisch zu sein: Ihr Anschlag lässt noch zu wünschen übrig – und wieso haben die Eltern nicht an zwei Brüderchen gedacht, die begleitend Schlagzeug und Trompete übernehmen? Keiner scheint an uns Nachbarn zu denken.

Es ist wichtig, dass du deinem Gegenüber sagst, was für dich nicht funktioniert.

Kritik an anderen hilft beiden Seiten. Du drückst aus, was dir wichtig ist oder anders werden muss. Dein Gegenüber hat oft nur so die Chance, es zu erfahren und sich, soweit möglich und gewünscht, zu verbessern. Kritik sollte aber gleichzeitig die Ausnahme sein, wenn dir die Beziehung wichtig ist. Auch hier gilt: Sprich konkrete Anliegen an. »Schatz, ich glaube, deine Hühnersuppe ist diesmal ein bisschen wässrig geraten« ist völlig akzeptabel. »Wollen wir ein wenig nachwürzen oder sie etwas einkochen lassen?« ist sogar noch ein Verbesserungsvorschlag. Eher schlecht: »Eine Katastrophe, aber das kenne ich schon!«

So geht es besser: Ständige Kritik an anderen ist fast immer ein Zeichen von genereller Unzufriedenheit – mit der anderen Person oder deiner Lebenssituation. Finde deshalb möglichst bald heraus, was dich wirklich ärgert. Ein alltägliches Beispiel: Du kritisierst wieder einmal deinen Partner, weil er das Falsche eingekauft hat. (»Ich habe doch extra gesagt, dass wir noch Waschpulver brauchen!«). Eigentlich ärgert dich aber, dass du derjenige bist, der immer an alles denken muss. Dann sollten dein Partner und du lieber darüber sprechen, wie ihr die Verantwortung besser aufteilt, statt über den letzten Anlass deines Ärgers.

Eine gute Angewohnheit: Wenn du dich dabei ertappst, dass du jemanden ständig kritisiert, könntest du dir für eine bestimmte Zeit (zum Beispiel einen Monat) Folgendes vornehmen: Auf eine Kritik folgen grundsätzlich immer erst zehn positive Bemerkungen von dir, ehe du wieder kritisieren darfst – zähle im Kopf mit. Das reduziert nicht nur spürbar die Spannungen. Du übst damit gleichzeitig, verstärkt auf die positiven Seiten deines Gegenübers zu achten, etwa auch seine Erfolge und Bemühungen zu sehen und anzuerkennen.

Ausreichend Kontrolle

Hab auch hier keine Angst, dass dir das schadet: Als Perfektionist hast du selbstverständlich gern alles unter Kontrolle, am liebsten auch andere Menschen – nur zur Sicherheit. Du musst keine Sorge haben, dass dir alles entgleitet, wenn du das nicht mehr tust. Du wirst auch weiterhin einen kritischen Blick auf andere haben, aber stärker unterscheiden: Wer braucht Kontrolle und Hilfe, bei wem ist wenig davon (»lange Leine«) sogar sinnvoller? Viele werden gerade dadurch sogar besser.

Über die erwähnte Nachbarstochter – ja, es gibt sie wirklich, und sie ist inzwischen sechs Jahre alt – ärgere ich mich übrigens natürlich nicht. Ich nehme es geduldig und eher amüsiert hin. Das bezaubernde Mädchen muss wachsen und sich ausprobieren. Wenn sie am Klavier ihre Übungsstunden hat, spiele ich auf Spotify meine eigene Musik und höre sie gar nicht mehr.

Kritisch mit Ideen: Erst bei der Detailplanung

Wer aus beruflichen Gründen regelmäßig an Meetings teilnehmen muss, weiß: Eine wirklich originelle Idee ist so selten wie ein Edelweiß. Man hat viele Geschichten gehört, dass sie irgendwo da oben in den Höhen der Kreativität blühen sollen. Aber nur selten werden sie gefunden, noch weniger von ihnen überleben den Abstieg zurück ins Tal der Alltagsmühen. Man trifft einfach unterwegs auf zu viele, die sich ganz sicher sind: »Das hatten wir schon mal«, »Das kann nie funktionieren« oder »Ob das eine gute Idee ist? Wir haben das noch nie so gemacht.«

Die mühsame Arbeit an den Details kommt früh genug, sei zuerst einmal nur kreativ.

Kritik an Vorhaben, Projekten und Ideen ist notwendig, wenn sie nicht nur vage Träumereien bleiben sollen. Risiken müssen geprüft und bewertet werden. Die kniffligen Details der Umsetzung – was geht – kommen aber noch früh genug und sortieren aus. Wer alles vorab perfekt haben will, redet selbst die schönste Möglichkeit tot. Ständig Zweifel und Bedenken anzumelden, sichert dich bequem ab, falls es schiefgeht (»Ich habe doch gleich gesagt, dass das nicht geht!«). Gleichzeitig plädierst du damit für ewige Stagnation und lässt die anderen allein. Das schadet langfristig allen, inklusive dir.

So geht es besser: Wenn du ständig Kritik an Vorhaben und Ideen in deiner Umgebung äußerst, deutet das darauf hin, dass dir die Begeisterung und Leidenschaft abhandengekommen sind. Das geschieht zum Beispiel, wenn du aus praktischen Erwägungen ewig im selben sicheren Job geblieben bist. Dann hast du wirklich alles schon gesehen, glaubst oft nicht mehr an echte Veränderungen. Nimm das als Zeichen, dass du eine neue Herausforderung brauchst (»Jetzt will ich's noch mal wissen!«). Überlege: Was wäre ein überschaubares, interessantes Risiko für dich, um noch einmal etwas Neues dazuzulernen und auszuprobieren? Wo willst du noch einmal zeigen, was du kannst?

Eine gute Angewohnheit: Wenn du feststellst, dass du alles sofort totredest, was nicht auf Anhieb perfekt ist, erinnere dich an eine Grundregel des »Brainstormings«, die Methode, um allein oder gemeinsam Ideen zu sammeln. Zuerst werden nur Vorschläge zusammengetragen, nicht bewertet (Bemerkungen wie

»Zu teuer«, »Schaffen wir nicht«, »Machen andere schon« haben dabei nichts zu suchen). Das regt deine Vorstellungskraft und das Interesse an, vielleicht doch etwas einmal anders als bisher zu machen. Natürlich wird es anfangs nicht perfekt sein, aber dir werden – vor allem in der gemeinsamen Diskussion – immer mehr und neue Ideen kommen, wie es doch klappen könnte.

Die Risiken sind dir klar

Du musst keine Angst haben, dass dir das schadet: Als Perfektionist sind dir die Probleme und Risiken jeder Idee bewusst – recht sicher sogar früher und genauer als den meisten anderen. Du wirst deshalb auch weiterhin darauf achtgeben, diese Bedenken aber zukünftig absichtlich etwas nach hinten verschieben. Die richtige Zeit dafür kommt, wenn es dann um Auswahl, Planung und Umsetzung geht. Damit ermöglichst du die kreative Freiheit, die für Innovation und Weiterentwicklung notwendig ist.

Kreativität erfordert etwas Mut zum Risiko, das aber auch Grenzen hat.

In meinem früheren Berufsleben als Journalist habe ich über mehr als 25 Jahre fast jeden Tag in Konferenzen gesessen, in denen gute Ideen – Themen, Überschriften, Umsetzung – gesucht wurden, und zwar immer unter großem Zeit- und Erfolgsdruck. Die besten ergaben sich, wenn es spielerisch oder fast ein bisschen kindisch wurde, obwohl alle wussten, dass es ernst ist. Hier ein Einwurf oder Vergleich, da ein Witz oder eine Blödelei. Plötzlich passte alles, Humor entwaffnet auch den hartnäckigsten Perfektionismus.

Einmal sprach ich für ein Interview mit einem norwegischen Ingenieur, der gerade den Bau des damals größten Kreuzfahrtschiffes der Welt verantwortete. Es würde 1,3 Milliarden Dollar kosten und 8800 Menschen – Gäste und Besatzung – pro Woche über die Meere tragen. Das Projekt war technisch und organisatorisch extrem anspruchsvoll. Unzählige Vorgaben mussten beachtet werden, schon für die Sicherheit und um im

Budget- und Zeitplan zu bleiben. Gleichzeitig waren überall kreative Ideen zu sehen – eine 10-Etagen-Rutsche, eine Bar, in der Roboter mixten, Pop-Art im Fahrstuhl. Sie zeigten Humor und Leichtigkeit, selbst unter sehr kniffeligen Umständen.

Trau dich, ein wenig mutiger zu denken

»Ich würde lieber versuchen, etwas Großes zu tun und zu scheitern, als zu versuchen, nichts zu tun und damit Erfolg zu haben«, hat der amerikanische Geistliche und Autor Robert H. Schuller gesagt, einer der bekanntesten Vertreter des »positiven Denkens«. »Es ist besser, etwas Unvollkommenes zu tun, als nichts fehlerfrei zu tun.« Ich durfte Schuller in seinen späten Jahren noch persönlich kennenlernen, und er hat in seinem Leben tatsächlich vieles in Angriff genommen und umgesetzt, das als »unmöglich« galt. Für unseren Geschmack klingt »etwas Großes« pathetisch und hochtrabend. Nicht jeder hat gleich vor, die Welt zu verändern, sondern ist eventuell schon damit zufrieden, sich um sein eigenes Leben kümmern zu können und einen Parkplatz vor der Firma zu finden, wenn es gerade wieder regnet.

Einen großen persönlichen Traum hat jeder, auch wenn er ihn nicht so nennt.

»Etwas Großes« ist relativ und bedeutet für jeden etwas anderes. Für dich vielleicht, einen problematischen Job endlich aufzugeben oder dich selbstständig zu machen, andere wollen eventuell in eine andere Stadt ziehen oder eine Familie gründen. Jedes dieser Vorhaben – wie alle, die es gibt – hat unbestritten seine Schwächen, Risiken und Nachteile. Alle Beteiligten haben diese ebenso. Wer nur perfekte Lösungen und Menschen akzeptieren will, kann nichts umsetzen, weil in der Realität leider nichts davon existiert.

Wer aber auch immer mögliche Stärken, Chancen und Vorteile einkalkuliert und sogar gezielt nach ihnen sucht, kann manchen Kritikpunkt relativieren. Ja, es ist nicht ideal und wird auch nicht ganz leicht werden, ist aber unter bestimmten Umständen doch möglich. Auf einmal verschiebt sich der Fokus darauf, potenzielle Probleme nicht mehr nur vorab auszuschließen, sondern sie zu bewerten, genau zu durchdenken und zu lösen. Trau dich also, weniger kritisch mit dir und anderen zu sein.

Mut beginnt damit, sich nicht mehr hinter Kritik zu verstecken, mit der du dich vor Kritik, Blamagen oder Enttäuschungen schützt. »Das habe ich doch gesagt, dass das nicht funktionieren kann!« Oder: »Ich wusste, dass der das nicht schafft.« Sondern dir selbst, anderen Menschen, Ideen und Projekten einen Vertrauensvorschuss zu geben – bis zum Beweis des Gegenteils daran zu glauben, dass mehr als bisher möglich ist.

Kritik anzunehmen ist so leicht oder schwer wie bei einem Lob

Perfektionisten fällt es oft gleichermaßen schwer, Kritik wie Lob anzunehmen. Wenn du kritisiert wirst, denkst du sofort daran, was du hättest besser machen sollen, oder dass du eventuell unfair beurteilt worden bist. Bei einem Lob denkst du, dass du das ruhig häufiger hören könntest oder aber, dass es eigentlich nicht verdient ist, weil deine Leistung ja doch nicht perfekt war. Der Ausweg in beiden Fällen: Bedanke dich für den Hinweis beziehungsweise die Anerkennung, frage eventuell nach, wenn dir etwas unklar ist. Aber ansonsten musst du gar nicht viel dazu sagen, sondern kannst es einfach so stehenlassen. Wenn du es üben möchtest: Nimm eine Woche lang einmal alle Kritik und jedes Lob ohne weitere Diskussion mit einem schlichten »Danke dir« und vielleicht einer kurzen Nachfrage an – und schau, wie du dich dabei fühlst.

Raus mit dem Perfektionismus aus deinem Alltag

Wer sich vom Perfektionismus verabschieden will, muss seine innere Einstellung überdenken, aber auch in seinem Alltag etwas praktisch verändern. Diese Schritte zum Abschluss helfen dir dabei, wirklich etwas anders zu machen als bisher.

Nach manchen Trennungen fragt man sich, ob man eventuell den Verstand verloren hat. Da wolltest du diesen furchtbaren Partner unbedingt loswerden, weil es wirklich nicht mehr ging. Hast du ihn aber erst einmal aus dem Haus, vermisst du ihn schockierenderweise bald schon wieder. Klarer Fall von Stockholm-Syndrom: »Hilfe, ich habe mich in diesen Terroristen verliebt! Jetzt bin ich zwar frei, will aber zurück.« Wer mit seinem Perfektionismus endlich Schluss machen will, erlebt das fast immer. Es ist nicht leicht, von jemandem zu lassen, mit dem man ewig in einer Schicksalsgemeinschaft zusammengelebt hat. Das schweißt zusammen, wenn natürlich auch auf eine ungute Art.

Auch ans Schlechte gewöhnt man sich, wie man feststellen muss, erstaunlich gut.

Möglicherweise hast du dir gedanklich bereits den perfekten Plan zurechtgelegt, wie du deinen Perfektionismus endgültig loswirst. Endlich unabhängig, keine Angst mehr! Bis zu einem gewissen Grad ist das tatsächlich möglich. Du kannst einige praktische Dinge anders angehen als bisher, beispielsweise, wie du deine Aufgaben erledigst oder Termine organisierst. Doch damit allein wirst du ihn noch nicht los. Auch deine bisherige Einstellung zum Perfektionismus lohnt eine Reflexion. Was könntest du zukünftig anders sehen, um entspannter zu leben? Welche Prägungen aus deiner Kindheit und Jugend könntest du jetzt eigentlich hinter dir lassen?

In diesem Kapitel findest du alltagstaugliche Empfehlungen für beides. Kleine Schritte, von denen du einige sicher direkt anwenden kannst, wenn du das möchtest. Sie sollen dich dabei unterstützen, zukünftig wirklich etwas anders zu machen als bisher, anstatt nur darüber nachgedacht zu haben. Belaste dich nicht damit, sie allesamt sofort umsetzen zu wollen. Probiere aus, was dir machbar und hilfreich erscheint, und schau nach einiger Zeit wieder auf diese Vorschläge. Dann ist für dich eventuell ein neuer oder zusätzlicher Schritt nützlich, weil du dich schon weiterentwickelt hast. Dieser Ansatz allein ist bereits ein Schritt weg vom Perfektionismus: Du stresst dich nicht mehr damit, dass du nicht alles sofort umsetzen kannst, weil das gar nicht nötig ist. Du nimmst dir, was derzeit gut für dich ist und dir hilft.

Versuche nicht mehr, durch Leistung perfekt sein zu wollen

Die meisten Dinge des Lebens, die wir als schön, interessant und attraktiv empfinden, sind nicht eindimensional und glatt. Ein Garten, der uns gefällt, ist über viele Jahre gewachsen, hat Blüten im Sonnenlicht und schattige Pfade. Ein Diamant, teuer gehandelt, bricht das Licht in vielen Facetten, auf seiner Oberfläche und noch einmal in der Tiefe. Ein Kunstwerk, das uns berührt und inspiriert, weckt auf den ersten Blick Interesse, erschließt sich aber erst auf den zweiten, ist nicht nur dekorativ, sondern auch lehrreich.

Jeder ist auf seine Art bereits interessant und muss das nicht ständig neu beweisen.

Sehr ähnlich ist es bei Menschen. Uns interessiert, zieht an und erscheint wertvoll, wer nicht nur auf den ersten Blick gut aussieht, sondern mehr bietet. Wer schon einiges erlebt und davon zu erzählen hat, innere Tiefe verrät. Das hat wenig mit Leistung im engen Sinne zu tun – wie gut du etwa gerade deine Arbeit erledigt hast. Vielmehr damit, wie du innerhalb deiner persönlichen Umstände und Möglichkeiten dein Leben gelebt hast, welche Erfahrungen und Ressourcen du an andere weitergibst.

Die wichtigste Empfehlung, um deinen Perfektionismus loszuwerden, hat damit zu tun: Erkenne, dass du auf deine Art jetzt schon perfekt bist und das nicht durch Leistung beweisen musst. Leistung ist mindestens Teil bestimmter Verpflichtungen, etwa deines Arbeitsvertrages, besser noch ein freiwilliges Streben nach einem guten Ergebnis. Aber keine Bedingung für deinen persönlichen Wert. Diesen erkennst und stärkst du durch Beziehungen: zu dir selbst und zu anderen Menschen, die dir wichtig sind.

Lerne dich kennen

Die wichtigste Empfehlung lautet deshalb: Verbringe ausreichend ungestörte Zeit mit dir selbst, freunde dich mit dir und deiner Lebensgeschichte an. Dafür gibt es viele Möglichkeiten. Schreibe für dich (und vielleicht andere) auf einigen Seiten deinen Lebensweg auf, führe Tagebuch, geh spazieren oder laufen, wenn du gut dabei nachdenken kannst. Besuche Orte und Menschen – Verwandte, Freunde, frühere Partner und Kollegen –, die für dich einmal prägend waren und dich zu dem Menschen gemacht haben, der du heute bist. All das hilft dir, dich heute besser zu verstehen und deinen Frieden mit dir zu schließen.

Du spürst selbst am besten, was dich weiterbringt und gut für dich ist.

Wenn du es für dich als hilfreich erachtest, können dir auch weitergehende Angebote zur Selbsterfahrung und -entwicklung helfen. Du spürst selbst am besten, wohin es dich zieht. Ein Wochenende in den Bergen im Schlafsack unter den Sternen schlafen, segeln gehen, einige Tage in einem Kloster verbringen, an einem psychologischen Seminar teilnehmen oder doch lieber mit Freunden vom Sport in einer Jugendherberge übernachten, so wie damals? Folge deinen Interessen ohne Angst, einen Fehler zu machen. Du wirst auf jeden Fall mehr über dich lernen und davon profitieren. Vor allem entziehst du dich damit ein wenig der manchmal selbst gewählten Ablenkung durch immer neuen Stress.

Beziehungen zuerst

Die zweitwichtigste Empfehlung ist: Investiere in deine Beziehungen statt in gekaufte Dinge oder Erlebnisse. Beziehungen halten länger, bringen dich weiter, bereichern dein Leben und machen es sinnvoll. Diese Grundregel löst für dich viele Konflikte, wenn du über begrenzte Zeit und Geld entscheiden musst: Beziehungspflege geht vor. Geh lieber mit einer Freundin einen Kaffee trinken, als allein vor Facebook zu sitzen oder abends noch E-Mails für die Firma zu beantworten. Organisiere lieber für deinen Partner oder mit der Familie ein gemeinsames kleines Abenteuer (zum Beispiel einen Ausflug), als Geschenke zu kaufen, weil du dich an Fest- und Feiertagen dazu verpflichtet fühlst. Bei all diesen Gelegenheiten wirst du dich eingeschlossen und angenommen fühlen, wird dein Perfektionismus bedeutungsloser.

Am Ende zählt, wen du persönlich kennst, wer dir wichtig ist und für wen du es bist.

Auf Instagram sehe ich oft all die schönen, manchmal geradezu atemberaubenden Fotos, die Freunde oder Bekannte von fernen Stränden, exotischen Märkten oder gewagten Bergpfaden gemacht haben. Andere scheinen jede freie Minute im Sportstudio zu verbringen, zeigen stolz ihre Fitness-Erfolge. Bei vielen von diesen oft gar nicht mehr so jungen Männern und Frauen, teilweise schon Mitte 30 oder Anfang 40, weiß ich aber auch, dass sie noch nie eine längere Beziehung hatten. Sie arbeiten viel, sie sind gern unterwegs, gönnen sich etwas. Aber zu Hause wartet niemand auf sie, unterwegs begleitet sie bestenfalls ein Kumpel oder eine gute Freundin.

Jeder muss es selbst entscheiden. Aber hier würde ich empfehlen, ein bisschen mehr in andere Menschen als in Flugtickets, Hotels oder Sport zu investieren, also früh genug deine Beziehungsfähigkeit zu üben und später fortlaufend zu pflegen. Es lohnt sich.

Konzentriere dich auf Aufgaben, die entscheidend sind

Vielleicht erinnerst du dich noch daran, dass die Lehrer vor einer Schulprüfung meist empfohlen haben: »Löse zuerst die Aufgaben mit der höchsten Punktzahl! Sie entscheiden, ob du bestehst. Wenn du dann noch Zeit hast, kümmere dich um die anderen – und kontrolliere ganz zum Schluss auf Fehler.« Das hat viel Angst und Stress genommen und dir geholfen, die Prüfung zu bestehen. Vielleicht nicht perfekt, aber ausreichend gut, und das zählte.

Im Leben geht es nicht um maximale Punktzahlen, sondern meistens nur ums Bestehen.

Diese Reihenfolge zeigt dir, wie du grundsätzlich auch heute an alle Aufgaben herangehen kannst. Zuerst darum kümmern, dass du bestehst, also das Minimum erledigen. Dann, wenn du noch Zeit hast, die Kleinigkeiten angehen. Und ganz zuletzt eventuell perfektionieren, indem du noch einmal auf die Details achtest und nach möglichen Fehlern suchst. Probiere in deinem beruflichen und persönlichen Alltag zukünftig, immer diesem Grundsatz zu folgen: das nötige Minimum erkennen und sich erst einmal nur darum kümmern. Damit schaffst du mehr und hältst dich nicht mehr mit Perfektionismus auf, der dich nur blockiert.

Keine Angst vor Fehlern

Die grundsätzliche Methode, die wir eben besprochen haben, schließt ausdrücklich ein, dass du wahrscheinlich Fehler machen wirst und davor nicht einmal Angst haben musst. Sie sind nicht so wichtig wie dein generelles Bestehen, dürfen deshalb hintenanstehen. Gleichzeitig darfst du dich, wenn es geklappt hast, darüber freuen, auch wenn du nicht die maximal mögliche Punktzahl erreicht hast. Selbst den berühmtesten Olympiasiegern gelingt das nicht immer. In deinem Alltag ist das noch viel weniger erforderlich! Du darfst dich entspannen, die nächste Gelegenheit kommt, um dich wieder auszuprobieren.

Minimal-Kriterien festlegen

Entscheide bei allen Aufgaben, was die Minimal-Kriterien sind, die du mindestens erfüllen willst. Ein mögliches Beispiel aus dem Berufsleben: Dein Kunde soll heute noch eine bestimmte entscheidende Information erhalten. Die Form ist erst einmal nicht so wichtig. Mit einem kurzen Anruf (»Die Details sende ich Ihnen gleich noch einmal …«) hast du das Minimum vielleicht bereits in wenigen Sekunden erledigt, mit einer nachfolgenden E-Mail wenige Minuten später auf jeden Fall. Der formelle Brief, an dem du eventuell etwas länger sitzen musst, kann morgen folgen. So gewinnst du Zeit, dich vorher um andere Dinge zu kümmern, die sonst liegenbleiben würden.

Plane dein Leben entspannter und pragmatischer

Über wenig ist sich die Menschheit – über alle Zeiten und Überzeugungen hinweg – so einig wie darüber, dass Pläne völlig überschätzt werden. Der weise König Salomo meinte: »Der Mensch denkt über vieles nach und macht seine Pläne, das letzte Wort aber hat der Herr.« So steht es in der Bibel, meist zusammengefasst als: »Der Mensch denkt, Gott lenkt.« Der kommunistische

Dichter Bertolt Brecht reimte rund 2000 Jahre später in seiner *Dreigroschenoper*: »Ja, mach nur einen Plan! Sei nur ein großes Licht! Und mach dann noch 'nen zweiten Plan. Geh'n tun sie beide nicht.« So ganz aufgeben wollen wir es nicht. Ganz ohne Pläne lässt sich kein größeres Vorhaben umsetzen, noch nicht einmal ein Restaurantbesuch mit Freunden. Wichtig ist, dass du möglichst einfach und flexibel planst. Du darfst es nicht perfekt festzurren und alles vorab regeln wollen. Das geht schief.

Prioritäten statt To-do-Listen

Aufgabenlisten (»To-do-Listen«) sind eine klassische Methode, um Erledigungen zu organisieren und nacheinander abzuarbeiten. Wenn die Liste aber unendlich lang wird, stresst sie dich eher. Denn dann wirkt sie wie ein ewiger Vorwurf: Hier siehst du, was du alles wieder nicht geschafft hast! Schon der Blick darauf ermüdet bald so sehr, dass du gar nicht erst anfangen willst und dir lieber erst einmal eine Stunde lang YouTube-Videos anschaust. Bald wirfst du gar keinen Blick mehr auf diese frustrierende Liste, sondern schiebst sie gleich ganz beiseite.

Unendliche Aufgabenlisten motivieren niemanden, sondern ermüden jeden.

Besser ist es, derartige Aufzählungen als Prioritätenlisten zu sehen: Was oben steht, ist wichtig. Diese Aufgaben sind entscheidend, auf sie konzentrierst du dich. Nach unten hin werden sie immer unwichtiger. Was dort steht, kannst du gelassen angehen: Das meiste davon wird nie erledigt werden, verliert von selbst seine Bedeutung oder war nie mehr als eine Idee. Du nimmst dir nicht mehr vor, alles zu schaffen, sondern nur – von oben beginnend – das Allerwichtigste. Grundsätzlich gilt: Die Liste dient dir, nicht du der Liste!

Ein Drittel des Kalenders frei lassen

Theoretisch klingt es wie eine gute Idee, deine Woche komplett durchzuplanen, um deine Zeit effizient zu nutzen. Machst du es aber, stellst du fest: Da kommt dir ständig das Leben dazwischen! Du hast plötzlich einen kurzfristigen Termin mit deinem Chef oder musst mit deinem Kind, das krank geworden ist, ungeplant zum Arzt. Ein Meeting dauert länger, schon bist du beim nächsten und allen weiteren zu spät. Auf dem Weg zum Kunden gerätst du in einen Stau, musst dich telefonisch entschuldigen, wenn nicht sowieso schon alle im Sitzungsraum sind und leicht genervt auf dich warten. Du kommst aufgelöst und verschwitzt an, musst nun aber erfolgreich eine Verhandlung führen.

Zugestopfte Kalender täuschen perfekte Planung vor, stressen dich aber unnötig. Lass besser grundsätzlich ein Drittel deiner Zeit tagsüber unverplant, um immer Puffer für unvorhersehbare Ereignisse zu haben. Wichtig ist das vor allem zwischen Terminen. Ideal sind mindestens 30 freie Minuten dazwischen. So sorgt eine Verspätung nicht sofort für die nächste, und du kannst auch einmal etwas spontan erledigen. Falls es bei dir in der Firma üblich ist, dass dir andere ungefragt Termine in den Kalender stellen und über deine Zeit bestimmen wollen – behalte dir vor, sie zu verschieben oder abzusagen. Der Kalender soll eine Hilfe für dich sein, dich nicht zusätzlich belasten.

Zeit für Organisation einplanen

Eventuell stellst du fest, dass du – trotz perfekter Planung – immer länger brauchst, als du gedacht hast. Fast immer liegt es daran, dass du zwar den Zeitbedarf für die Aufgabe realistisch abgeschätzt hast, aber nicht für die damit verbundene Organisation. Ein Beispiel: Du willst eine Abrechnung (etwa an einen Kunden) schreiben, für die du ungefähr 20 Minuten brauchen wirst. Aber du musst sie vorab auch noch deinem Chef senden, dessen Änderungswünsche abwarten und einarbeiten, eventuell selbst noch einmal korrigieren und dann zur Poststelle bringen. Zählst du all das zusammen, sind es auf einmal 45 Minuten.

Wenn du ständig gestresst bist, hast du unrealistisch knapp geplant.

Im beruflichen Umfeld fasst man das unter »Projektmanagement« zusammen: Planungen, Ab- und Rücksprachen, Abnahme und Kontrollen – alles neben der eigentlichen Arbeit – können zeitlich leicht 40 Prozent zusätzlich beanspruchen. Wenn du das vergisst, bist du ständig zu spät und gestresst, obwohl deine Planung perfekt schien. Ebenso ist es in deinem Privatleben, wenn du etwa ein Abendessen verabredet hast, das aber neben dem Kochen aber auch noch Einkäufe und Dekorieren erfordert. Addiere also den Zeitbedarf für alles Organisatorische immer dazu.

Schwerpunkte setzen

Eine bekannte Methode gegen Perfektionismus ist das »Pareto-Prinzip«, benannt nach einem italienischen Analytiker. Es wird auch die »80-20-Regel« genannt und behauptet: 80 Prozent des gewünschten Ergebnisses erreichst du mit nur 20 Prozent der Anstrengung. Jede Mühe darüber hinaus bringt nicht mehr viel. Danach solltest du dich bei jeder Tätigkeit auf die wesentlichen Aspekte konzentrieren und prüfen, was sich aufschieben oder weglassen lässt, weil es für das Endergebnis keine Rolle mehr spielt.

Sieh diesen Grundsatz als eine lockere Empfehlung an, die sich nicht in jedem Fall umsetzen lässt. Manche Aufgaben müssen zu 100 Prozent erledigt werden. Du willst zum Beispiel nicht in einem Haus wohnen, in dem der Dachdecker nur die wichtigsten Teile des Daches abgedichtet hat, oder in ein Flugzeug steigen, das »zu 80 Prozent sicher« ist. Wo man auf einiges verzichten kann, sind es eventuell mehr oder weniger Prozente. Das »Pareto-Prinzip« ist also vor allem eine Anregung, zu durchdenken, was für das Ergebnis praktisch wirklich entscheidend ist.

Regelmäßig Projekte streichen

Bei den meisten Arbeitgebern hat es sich eingeschlichen, an die Mitarbeiter immer neue Aufgaben zu verteilen, die »nebenbei« erledigt werden sollen. »Kannst du das bitte übernehmen? Dauert nicht lang.« Aber auch privat nimmst du dir vielleicht regelmäßig mehr vor: »Beim Mittagessen kann ich mit den Kollegen schon das Meeting vorbesprechen. Auf dem Heimweg übe ich in der Straßenbahn ein bisschen Spanisch mit meiner App, und wenn wir die neue Netflix-Serie schauen, kann ich nebenbei noch wegbügeln, was die Woche über so liegengeblieben ist.«

Es ist oft am schwersten, sich von einigen Aufgaben endgültig zu trennen.

Kurzzeitig geht das. Auf Dauer summieren sich die Projekte und Aufgaben. Wer sich vornimmt, sie allesamt zu erledigen, wird nie mehr fertig. Am Ende bestenfalls noch hastig, was am meisten nervt oder drängt und nicht mehr, was wichtig wäre. So leidet die Qualität insgesamt, weil du dir unrealistisch viel vorgenommen hast oder dir mehr hast auftragen lassen, als du bewältigen kannst.

Nimm dir deshalb vor, regelmäßig Projekte zu streichen. Das ist eine anspruchsvollere Aufgabe, als es zunächst scheint. Chefs wischen dieses Ansinnen anfangs immer beiseite: »Das hat alles Priorität 1!« Da hilft es manchmal nur, alle Aufgaben mit dem ungefähren Zeitbedarf zusammenzustellen und ihm vorzulegen, eventuell sogar im Rahmen eines Team-Workshops. »Wie soll das in eine Arbeitswoche passen?« Aber auch privat darfst und solltest du verschieben oder absagen, was zwar eigentlich gut wäre, dich aber zu sehr einengt oder belastet. Nur so verschaffst du dir Freiräume.

Musst du Aufgaben streichen, behauptet jeder Chef zuerst, dass das nicht ginge.

Trau dich, lockerer und offener zu denken

Ich erinnere mich an einen jungen Klienten aus dem Finanzsektor, der mit Mitte 20 bereits sein ganzes Leben – vor allem natürlich die Karriere – exakt im Voraus planen wollte. Er war bereits ziemlich nervös, weil selbst seine nächsten Schritte unklar und nicht wirklich sicher waren. Hatte sich die teure Ausbildung gelohnt? Würde er die nächste Beförderung schaffen? Und was, wenn die Wirtschaftslage sich so verschlechterte, dass er all das sowieso vergessen konnte? Was, wenn er plötzlich eine Freundin hätte? So beruhigend es wäre, all das vorab zu wissen, so langweilig und öde wäre ein derart vorhersagbares Leben.

Wenn du dich vom Perfektionismus lösen willst, übe in deinem Alltag, ein wenig lockerer und offener zu sein, als du die Dinge bisher angehen würdest. Ist deine Woche bisher immer perfekt durchgeplant? Halte dir ab sofort einen Abend frei, an dem du einfach mal schaust, worauf du Lust hast und wie es sich entwickelt. Organisierst du bisher jeden Urlaub perfekt durch? Wie wäre es, einmal nur die Hotelnächte zu Beginn und am Ende zu buchen, dazwischen aber spontan zu sein, etwa mit dem Auto herumzufahren und die Übernachtungen kurzfristig per App zu reservieren? Vielleicht klingt das jetzt noch beängstigend oder chaotisch für dich. Aber mit Spontanität erlaubst du dir mehr Abwechslung und Abenteuer, gewöhnst dir ohne größeres Risiko mehr Pragmatismus an.

Langfristig entspannt

Gleiches gilt für langfristige Vorhaben. Das Leben folgt nicht Fünfjahresplänen, auch wenn sie für gewisse einzelne Vorhaben sinnvoll sind, etwa für eine berufsbegleitende Weiterbildung mit absehbarem Verlauf und Ende. Aber was ansonsten in fünf Jahren sein wird, weiß keiner. Verzichte deshalb auf unendliche Zukunftsplanungen in jedem Detail, sondern beschäftige dich lieber mit der großen Linie: In welche Richtung soll sich dein Leben entwickeln, was wäre für dich wirklich entscheidend?

Eine Methode, wenn du das klarer vor dir sehen willst: Schreibe dir auf, wie dein Leben in der Zukunft im besten Fall aussehen sollte, etwa in Form eines idealen Tagesablaufes. Wenn du gern gestaltest, könntest du auch Fotos aus dem Internet oder aus Zeitschriften zusammenstellen, die deine Wünsche illustrieren, beispielsweise ein Pferdefoto, wenn du gern reiten würdest, oder ein Haus am Meer, wenn das dein Traum wäre. Es ist recht sicher, dass deine Zukunft nicht exakt so aussehen wird. Aber mit genügend Klarheit triffst du jeden Tag kleine Entscheidungen, die dich in diese Richtung führen. Vielleicht kannst du dir kein Pferd leisten, aber eine Reitbeteiligung; vielleicht hast du kein Haus am Meer, schaust aber verstärkt nach Job-Angeboten an der Küste, die für dich interessant sein könnten.

Wenn du in diesem Moment – während du dieses Buch abschließt – noch ein echter Perfektionist bist, wirst du wahrscheinlich unruhig werden: »Und wann kommt jetzt die Liste, die ich abarbeiten kann? Die 100 Punkte, die mich garantiert locker machen? Wo sind denn die ganz schwierigen Aufgaben, die ich erledigen muss, damit es funktioniert? Das kann doch unmöglich alles gewesen sein!« Ertappt, so läuft es ab sofort nicht mehr. Du hast, ganz nebenbei, ausreichend Informationen und Anregungen aufgenommen und kannst darauf vertrauen, dass du die nächsten Schritte, die zu dir passen, gehen wirst – in dein neues, pragmatisches und entspannt erfolgreiches Leben.

Ein entspannter Neuanfang

Alle Perfektionisten sind ehrgeizig und voll großer Erwartungen an sich und andere. Wer sich davon verabschieden will, hat gleichzeitig oft die Sorge: Lasse ich nicht total nach, wenn ich mich nicht mehr selbst unter Druck setze? Gebe ich nicht meinen Anspruch an mich auf? Diese Gefahr besteht nicht, da kannst du sicher sein. Du bleibst der gleiche Mensch, der bestimmte Standards hat. Der Unterschied ist nur, dass du gezielter auswählst, wo dir etwas wichtig ist und wo du nun gelassener sein willst, um deine Zeit und Kraft effektiver zu nutzen.

Perfekt, so wie du bist

Wie gut fühlt es sich an, wenn du einen unerträglichen Partner endlich losgeworden bist. Nach jahrelangen Kämpfen hast du dein Leben zurück! Keine hässlichen Szenen, keine ewigen Vorwürfe und sinnlose Aufregung mehr. Du kannst durchatmen, dich erholen von dieser anstrengenden Beziehung und neu beginnen, diesmal aber nach deinen Regeln. Wenn du den Perfektionismus endlich rausgeschmissen und jede Rückrufmöglichkeit blockiert hast, wird es in deinem Leben plötzlich angenehm ruhig und entspannt. Du hast dir deine Freiheit erkämpft!

Wie bei jeder schwierigen Trennung braucht es einige Zeit, ehe du dich neu gefunden und deine Gewohnheiten angepasst hast. Aber irgendwann kommt der Tag, an dem du dich – selbst überrascht – bei einem recht versöhnlichen Gedanken ertappst: »Ich bin eigentlich ganz in Ordnung, und die anderen auch.« Und: »Keine Ahnung, warum ich überhaupt so lange bei diesem Arschloch geblieben bin. Viel bieten konnte er mir vom ersten Tag an nicht, ich wollte es nur Ewigkeiten nicht sehen.«

Das ist der Moment, in dem du weißt: Du bist schon perfekt, so wie du bist, und brauchst das nicht mehr zu beweisen.

Literaturempfehlungen

Asgadom, Sabine
Lebe wild und unersättlich! 10 Freiheiten für Frauen, die mehr vom Leben wollen
Kösel-Verlag

Bonelli, Raphael M.
Perfektionismus: Wenn das Soll zum Muss wird
Droemer

Brown, Brené und Randow-Tesch, Margarethe
Verletzlichkeit macht stark: Wie wir unsere Schutzmechanismen aufgeben und innerlich reich werden
Goldmann Verlag

Covey, Stephen R.
Die 7 Wege zur Effektivität: Prinzipien für persönlichen und beruflichen Erfolg
Gabal Verlag

Marquardt, Dr. Matthias
Instinktformel: Das Erfolgsprogramm, das Sie wirklich glücklich macht
Südwest Verlag

Willnauer, Elmar
Die richtigen Entscheidungen treffen! 60 Methoden und Techniken für den Berufsalltag
Beltz Verlag

Bücher aus dem Gräfe und Unzer Verlag

Berckhan, Barbara
Wahre Stärke muss nicht kämpfen. Überraschend einfache Wege für mehr Kraft und Souveränität

Gauger, Andreas
Ich geh dann mal meinen eigenen Weg. Wie die Erwartungen unserer Eltern unser Leben bestimmen und wie wir uns davon befreien

Heske, Ralf
4 Fragen, die alles verändern. Das große Praxisbuch für The Work nach Byron Katie

Köhldorfer, Sandra
Das Paar in dir muss Liebe finden. Das maßgeschneidert Konzept für ein glückliches Leben zu zweit

Kunze, Petra
Selbstmitgefühl. Mein Übungsbuch für achtsame Selbstwahrnehmung und Wertschätzung

Lachmann, Käthe
Verletzlich ist das neue Stark. Warum es sich lohnt, Schwäche zu zeigen

leichter Wasserschaden 8.2.23 Kl

IMPRESSUM

GRÄFE
UND
UNZER

Gräfe und Unzer ist eine eingetragene Marke der GRÄFE UND UNZER VERLAG GmbH, www.gu.de

ISBN 978-3-8338-7746-9

1. Auflage 2021

Projektleitung: Stella Schossow
Lektorat: Dr. Antje Korsmeier
Umschlaggestaltung und Layout: independent Medien-Design,
Horst Moser, München
Herstellung: Petra Roth
Satz: Uhl + Massopust GmbH
Repro: Medienprinzen GmbH, München
Druck und Bindung: Livonia Print, SIA

Bildnachweis Cover: Shutterstock
Autorenfoto: Tyler Ramsey

Syndication: www.seasons.agency

GRÄFE
UND
UNZER

Ein Unternehmen der
GANSKE VERLAGSGRUPPE